核心素养背景下
小学道德与法治教育研究

邓廷福 ◎ 著

团结出版社

图书在版编目（ＣＩＰ）数据

核心素养背景下小学道德与法治教育研究 / 邓廷福
著 . -- 北京：团结出版社，2022.10
ISBN 978-7-5126-9693-8

Ⅰ．①核… Ⅱ．①邓… Ⅲ．①政治课－教学研究－小
学 Ⅳ．① G623.103

中国版本图书馆 CIP 数据核字 (2022) 第 181880 号

出　　　版：团结出版社
　　　　　　（北京市东城区东皇城根南街 84 号　　邮编 100006）
电　　　话：（010）65228880　　65244790
网　　　址：http://www.tjpress.com
E － mail：65244790@163.com
经　　　销：全国新华书店
印　　　刷：武汉鑫佳捷印务有限公司
装　　　订：武汉鑫佳捷印务有限公司

开　　　本：170mm×240mm　　　16 开
印　　　张：10.25
字　　　数：150 千字
版　　　次：2022 年 10 月第 1 版
印　　　次：2022 年 10 月第 1 次印刷

书　　　号：978-7-5126-9693-8
定　　　价：68.00 元

前　言

　　"核心素养"是一个立足世界、面向未来的概念。目前，我国基础教育正从"知识本位"时代走向"核心素养"时代，这是一个全球性的发展趋势。核心素养的提出，是课程改革发展的必然趋势。"核心素养"教育是落实"立德树人"根本任务的重要举措。"学科核心素养"的提出，更是让基础教育领域内的每一门课程都有了方向感和归属感。"道德与法治"课作为学校德育教育和学生品德养成的重要基石，对学生核心素养的培育及综合素质的提升有着重要的作用。随着立德树人教育观念的落实，在小学阶段这个学生成长、发展的黄金时期，德育成为教师教学的重要任务。本书为以核心素养为引领，以优化课堂教学为目标，从分析课堂教学要素入手，将教师的小学道德与法治课堂教学行为作为研究对象，根据小学教学目标，设计相应的教学提升方法，为教师专业化发展提供了有效的途径和方法。

　　本书共分为六章。第一章概述了小学法治教育，阐明小学法治教育内容研究的时代背景，提出小学法治教育内容的问题及原因分析，分析优化小学法治教育内容的策略；第二章论述了小学德育的意义，指出小学德育教育的现状，分析加强小学生德育教育的建议；第三章针对道德与法治课程教学的基本理念与方法进行论述；第四章分析道德与法治教学中的爱国主义教育，主要论述爱国主义教育概念内涵及其新特征、道德与法治教学中爱国主义教育现状、道德与法治教育教学中加强爱国主义教育的基本路径；第五章针对道德与法治课程教学评价进行探索；第六章研究道德与法治课程教师专业发展与教学，明确道德与法治课程教师的专业发展，分析道德与法治课程教学研究的视野与策略，阐明道德与法治课程课例研究方法。

在撰写本书的过程中，笔者参考、借鉴了大量相关文献资料，在此向参考文献的作者表示衷心的感谢！由于笔者的水平有限，书中难免存在不足之处，恳请各位同行及业内专家批评指正。

作　者

2021 年 12 月

目　录

第一章 小学法治教育内容概述

第一节 小学法治教育内容研究的时代背景

现阶段我国社会各项事业不断取得进步，社会对人们的法律意识和法律知识也提出了一定的要求。小学是形成对世界各类现象看法和判断视角的主要时期，因此全社会应重视对小学生法律相关知识的教育和氛围的熏陶。

一、国家层面法治进程的推进

（一）政策文本的演进历程

经过国家法律相关部门管理人员对我国各阶段国家法律教育类条例的整理可以明确，我国对青少年群体开展法律熏陶的总体方向和前进路径较为清晰。我国最早提出重视提升青年学生对政治法律的认知水平的是 1982 年的《中华人民共和国宪法》[1]（以下简称《宪法》）。《宪法》希望通过对不同年龄阶段的学生讲解文化道德教育方面的知识，普及道德与法治教育，使我国可以自青年学生群体开始，对自身的行为有严格的规范，大幅度提升全社会的道德水平与法律意识。后来，我国又制定了提升各级学校法律知识应用程度的相关条例，将学生掌握法律相关知识的具体程度作为衡量其综合素养的指标，指出要培育学生的法律判断观念。对于与社会接触较少的学生群体来说，法律观念的实际应用和熏陶直接体现为其在学习生活中是否遵守既定规则，履行自身的责任内容，或在自身应有权利被其他主体占有时应用法律维护自身利益。以往在提到增加群众掌握法律知识程度时通常应用提升"法治"覆盖度，而现今则对法律知识普及度及持续时间提出了更高的要求，即更有效地应用自身所掌握的相关法律知识，从而达到"法治"的要求。因此，更为有效的方式是扩大培养法律观念的对象的范围，在青少年群体的教育中融入法治知识。现阶段各项法律条例规范的主要改进内容，就是向青少年群体宣传法律的具体内容、设计实施路径和总体目标引领。各级学校应根据国家提升法律教育频率和实际利用有效度的要求，单独设置法治课程，引领学生阅读与自身关系密切的法律文件。我国在不同区域都建立了法律知识实例讲解中心，形成了熏陶法治观念的良好氛围。

---

[1] 中华人民共和国宪法（1982 年 12 月 4 日）[N]. 中国人大网 http://www.npc.gov.cn/zgrdw/npc/zt/qt/gjxfz/2014-12/03/content_1888093.htm.

（二）建设法治国家的要求

一个国家教育的发展状况和改进方向，始终影响着社会的氛围和国家后续的政策。国外相关学者也指出，对一个国家领导团体产生信任的过程是一个比较耗时的过程，只有该国家领导团体的行为措施可以使群众感受到有利成果的产生，社会范围内的群众才会支持和履行国家提出的行为规范和条例限制。过去，国家和社会已初步建立群众生活的基础性环境，但在后续完善和巩固过程中如果没有法律观念的约束，那么提升群众生活环境质量和照顾群众心理感受状态的想法就不能落实。以前也有尊重法律意识的学者指出，国家最终发展和前进状态与以法律相关知识和理念限制自身行为的人群的基数有较大联系。在十九大召开后，国家提出在我国基本宪法中加入提升群众对法律知识利用度的说明，借助群众对法律应用意识关注度的提升来保证社会范围内人民基本素养内涵的丰富性。在国家领导重视法律实际应用效果的前提下，国家提出的纲领性文件应更有效率地落实于群众日常行为的细节方面。只有人民群众将对理论性法律知识的认识融入自身对其他现象和事物表现形态的判断标准中，国家制定的各类新法律才真正有效，社会整体在前进过程中的氛围和基础性素养才能得到保证。

二、学校层面法治课程的变革

法治教育并非在依法治国、依法执教的背景下提出的，以往的历史发展、变迁中就有法治教育的存在，但其对法治教育概念的界定不明确，理解不清晰过去的法治教育与现今的法治教育在内涵、培养目标等方面都有明显的区别。

自 2016 年起，品德类、思品类教科书正式更名为《道德与法治》，而在漫长的历史进程中，法治类课程经历了长期的历史改革与发展。此处以改革开放为时间起点，梳理在改革开放以后，小学法治教育课程及内容的有关历史沿革，以期更清晰地了解其演进脉络。

20 世纪 80 年代是我国将法律相关思想融入校园教育课堂的步伐最快速的时期，针对小学生所处年龄阶段，将文史类思想蕴含度较丰富的学科融入社会道德观念，将原本较为枯燥和理论性较强的素养教育的讲解形式变得更灵活、更有吸引力，向小学生群体宣传社会范围内有较高认同度的道德行为要求，形成学生在未来时期对社会现象和事物认识理解的素养标准。这一环节主要是将学生掌握的、与自身关系较密切的法律应用思想作为融入社会的必要条件，加深学生群体对法律思想应用效果和适用范围的理解。国家教育管理部门针对这一问题也提出，要对小学生群体宣传讲解专业性适宜的道德与法治思想，增加诸如交通行为约束的法律规范的实际应用频率。但在后期将法律相关思想融入小学生传统教育课堂时，缺乏落实途径方面的详细步骤。

直到几十年后，国家的教育系统开始正式讨论、公布推动法律思想覆盖度的措施，对小学生应接受何种程度的法律政治类教育提出了细致的规范，但小学阶段还是没有专门的法律条例讲解课程出现。只有根据每一时期的社会发展状态、氛围的要求，调整各阶段教育的内容，才能使教育与其他方面的联系更加紧密，最终既可以保证受教育群体在未来社会环境中的行为举止，也可以使国家下一阶段的前进方向有基础性的人才资源。因此，青少年群体的教育管理主体应对法律相关思想有深度的研究，在实施法律类思想的教育过程时，可以使学生认识到法治观念的实际效用。

近几年，教育部门为推进学生群体对思想类法律观念的理解程度编写相关教材，提出在向小学生宣传法律知识时，可以将法律知识与出现频率较高的生活现象相联系，直到小学生进入小学教育阶段后期，应向小学生讲解成人在社会中遵守的行为规范和社会公认性的道德要求，并带入具有一定专业性的法律应用知识。现今与教育关系较为密切的管理部门已充分意识到，青少年群体掌握一定程度的法律思想具有较大的实际效用，因此已在不同年龄段为学生设置适合的教育内容。

另外，在国家教育管理部门扩大法律应用思想覆盖度的同时，各区域的特色类课程和学校内部的自编类课程也包含部分法律知识应用教育，这使法律相关思想在社会范围内的覆盖度和利用率大大增加。例如，最近出版和发布的一本漫画类教育书籍对内容进行创新，笔者将小学阶段的学生应掌握的法律观念性知识融入主人公的日常活动，通过展现主人公经历的、比较真实的事例，促使学生对自身是否有较高的法律思想应用度进行思考。这样，学生会将在漫画书中掌握的法律类知识应用于自身的社会行为中，有效地提高教育类书籍的趣味性。

三、时代背景下小学生的新特点

随着现今社会发展的不断加快和生产形式的不断改进，青少年群体对事物认识和判断标准的形成时期更早，再加之虚拟信息查询和发布平台的不断出现，小学生了解新问题和社会现象的手段更加多样，获取感兴趣的知识类信息的主体也并非只有学校教师。但由于对基础性知识的掌握较少，小学生无法判断虚拟平台展示的信息是否健康，因此虚拟平台会对小学生精神层面的感受和发育状态有一定影响。

（一）小学阶段是品德发展关键期

小学这一生理性的年龄阶段不仅是身体发育状态加快的阶段，也是心理层面对事物判断观念和审美感知能力形成的主要时期。因此，在这个阶段对其开展社会道德素养的培育和法律意识的熏陶可以起到更好的效果，教育管理主体应以接受度较高的方式扩大社会法律思想的应用面。国外教育学者将道德的培育和形成过程划分为不同阶段，依据所处年龄分析，小学生群体应是以习俗类行为占支配地位的。这一时期他们对身边经历的情况只是被动地接受家长的管理，对事情的解决方案没有理性的认识，在小学阶段的中期会更倾向于根据自身的想法处理事情，并不会考虑社会现象和在事情中涉及的其他人员的想法与态度，只要自身在具体事件中得到满意的结果，这个解决措施就是正确的。在小学阶段的更高年级，学生会更希望通过自身对事物的处理得到家庭和学校更多的认可，对多数事物和现象判断的标准以能否使父母和教师满意为基础。针对小学生群体在不同时期对社会中事物判断理念的差异，各学校应更有明确的责任意识，寻找学生接受度和认可度较高的法律思想熏陶方式。在小学这一生理年龄阶段，学生在道德方面的意识更易被其他观念影响，因此学校应在固有理论专业知识的课程内容中加入道德与法治思想，为学生日后对其他事物和现象有更清晰的判断标准打下良好基础。国外的教育学者也提出在年龄较小的时期，对学生开展观念类教育是耗时较长的过程，因此学校应充分关注教育对法律观念的熏陶、对氛围的扩充的作用。

（二）小学生品德发展的特征

小学教育阶段是开展学生素养类教育工作的起始阶段，是构建学生主体行为框架和理念支撑的基础性时期。在这一阶段，小学生群体固有的生理性素养表现：①小学生喜爱模仿成人有标志性的动作和讲话方式。由于这一时期与小学生接触最为密切的就是教师和家长，因此教师和家长对身边出现的事情和社会现象的处理标准都是小学生模仿的对象。在短时间内，小学生掌握的成人化行为可能不会被感知到，但小学生在经历性质和情况有较高相似度的事件时，就会将成人的素养性行为应用于处理问题的情境中。一位专门研究儿童举止行为的学者也指出，儿童现有的举止行为，除生理性的固有反应之外，都是在模仿其他人相关行为的基础上复现的。在现今虚拟信息传播平台不断丰富的情况下，小学生群体的模仿对象的范围和感知新思想的途径已大大扩充，许多不正确的行为和误导性的观念都在干扰小学生群体正确价值观念的形成。②小学生对某一类道德性思想的坚持性较短，他们对各类社会现象和知识类思想的接触频率很低，因此他们并不知晓自身应用的观念性指导思想是否正确，这使其在各类观念中摆动。

（三）现阶段小学生存在的问题

小学生生理年龄阶段快速生长的特征也使新的教育类问题出现，小学生感知新的思想和理论知识的主要载体就是学科类教材。但如果专业讲解书对相关法律知识的讲解和概括有不清晰之处，就会严重干扰学生对法律观念的实际应用效果形成完整认识，现阶段出现的问题主要体现在以下三个部分。

第一，校园欺凌现象呈低龄趋势。现阶段，在虚拟网络信息平台涵盖范围不断扩大的背景下，家长的管理角色对于学生遭受的不平等现象有更多的了解渠道和反馈平台。因此，在各层次教育院校中出现的欺凌现象都会受到更多的关注，国家级的教育管理部门对这类校园现象的重视程度和限制手段也在持续增加。许多调查该现象的主体和新闻部门都发现，在小学教育阶段，校园欺凌现象出现的次数相较高年级教育时期更多。在对不同性别小学生开展是否了解或遭受过校园欺凌的调查中发现，有四分之一左右的学生都涉及校园欺凌。随着虚拟信息发布平台业务范围的扩展，更多实时性的欺凌类视频向社会公众展示，这使与小学生联系密切的主体对学生在校园中遇到的问题有更高的关注度。就小学生这一生理年龄阶段的特征来说，模仿其他主体行为和处事方式的观念一直处于引领性地位，小学生无论身处校园欺凌行为的哪一方，都会产生错误的观念认识。

第二，校园暴力现象呈严重态势。将校园范围内出现的暴力行为和欺凌行为比较分析可以明确，二者在内容上有较高的相似性，但也有性质上的区别。暴力行为的攻击意识更强，对遭受暴力行为的学生身体层面和心理层面的伤害更大，如果暴力行为较为密集，还会有更不可预计的危害性现象出现。根据暴力行为开展的形式，还可以对其进行类型划分，如冷暴力是指某学生带动班级内的其他学生与针对对象保持距离，在针对对象遇到学习或生活问题时不予帮助和理睬。若校园内学生实施暴力行为的频率过高，且没有被学校内部管理机构发现，则会容易演变为性质更严重的犯罪行为，一旦涉及事件的性质和影响范围更严重和突出，就不再划分为校园欺凌行为。现阶段，各类学校内部欺凌行为和暴力行为出现的频率都在持续升高，这些都是由学生接受的观念类教育和社会氛围熏陶不正确引发的。

第三，权利、义务认识存在片面性。目前，针对低年级学生群体中部分学生遭受的不平等现象，有更多网络媒体传播平台予以发布和展示，尤其是小学生对权利和义务的内涵与界限梳理不清致使欺压问题的产生。例如，有的低年级班级干部学生，由于自身有监督其他同学作业任务的权利就收取其零花钱。这种班级内不平等现象的产生，不仅是社会中某些氛围对权利一词变形理解的体现，也是学生接受道德教育不足的表现。还有在群众中有较大争议的社会型电视剧，其中也会有对在现实社会中出现的权利使用不当现象的夸张性展现，更多年龄阶段主体在关注的同时会思考和检验自身行为。家长在这一过程中的教育和熏陶作用应有更实际的体现，家长应以自身经历和职能作用向孩子讲解正确使用权利的表现，扩大小学生群体日常了解的知识范围，提高内容的针对性。

从以上教育环境中出现的问题现象来看，小学生身处的教育氛围和接触到的主体行为直接影响小学生看待事物标准的形成。因此，各级教育管理主体应对学生直接接触的教育氛围环境进行严格的把控，只有重视学校教育过程和氛围，才能使学校对学生的教育更有效。在学校内部开展的品德类课程内容的设置应有更适宜的安排，既要有专业性学科知识内容的讲解，又要有法律意识较浓厚的观念。

第二节 小学法治教育内容的问题及原因分析

　　国外一位研究教育过程的学者指出，具有较高基础性道德素养的个人，也更容易在其他方面有深入的研究历程和展示成果。如果在青少年阶段没有形成层次适宜的道德思想和规范性行为，这个人在之后就只会依照已有的判断观念处理相关问题，因此个人和教育实施主体都应明确道德知识和氛围带来的实际效用。如今，在社会生产状态和经济发展情况变化迅速的时期，生活在社会范围内群众行为素养的培育状况尤为重要，但实际将观念性的共同认识融入各学校教育课堂的活动较少。就最近新闻媒体现象调查人员对教育院校课程的了解来看，多数学校还是坚持传统理念，将学生的考试成绩视为学生能力的衡量依据，学生在品德类课程中的表现状态和吸收、运用程度如何不计入成绩判断标准，学校对道德与法治教育课程的重视程度不够。向各年龄阶段学生讲解专业理论性的道德知识系统与将品德观念插入其他学科教育活动是有差异的，其对学生精神层面指引性观念的形成和重视程度是不一样的。法律意识的教育活动在道德素养的课程中的地位只是从属的组成部分，学校和教师更不可能了解学生掌握法律知识的程度，而且目前各个教育环节都缺少具有专业法律知识和道德知识的教育人才，学校内部品德类课程的讲解人员都是非专业的学科教师。

一、宏观视角下小学法治教育内容存在的问题

经过掌握相关知识的专业人员对教材文本的检查阅读，明确在教材文本编撰过程中还有部分可解决的问题，主要体现在以下部分。

（一）法治教育内容体系不系统

现阶段，在各年龄阶段品德类教材文本中融入的法律意识观念都是在考虑接受主体年龄层次和理解能力的前提下筛选设置，同时结合国家教育管理主体对学生掌握法律知识范围和行为规范的标准进行调整的。整体方向就是将低年级学生法律意识的提高与日常现象相结合，将高年级学生接受的观念性熏陶与社会中群众认可度较高的规定性行为相联系。从对道德类课程教材的内容剖析来看，其对社会素养内容的安排是针对设计主体和范围的不同进行调整的，但其中包含的法律知识内容并没有明显的梳理顺序。这样，学生在不同时间内接触到的法律知识无法在其头脑中形成完整的指引性观念意识。只有将感知的知识内容按顺序进行布局设置，才能使双方的讲解、吸收过程更加轻松。

（二）法治教育内容衔接不明显

学生感知的文本内容设置的顺序是否清晰，直接决定受教育者能否将思想观念转变为自身行为的引领规范。通过对道德

知识讲解文本中法律内容进行梳理可以明确，不同方向和范围的法律知识部分还缺少衔接性内容。例如，个人环境维护意识和对环境破坏行为法律定义的知识都包含在法律知识范围内，低年级的教学内容并未涉及何种环境维护行为和引领意识是正确的、有持久性的，但高年级的教学内容直接展示了我国环境问题方面的管理性法规条例。这样让学生在没有了解具体环境保护行为和观念熏陶的情况下，直接阅读理论性较强的规范性文件是有较高理解难度的。这只是一个法律领域具体知识设置的体现，就包含法律知识教材的完整架构来说，对难度和理解状况不同的法律内容并没有进行层次设置上的调整。学生无论感知、接触哪一学科的专业内容，都需要教育内容的实体承载部分将涉及理念进行逻辑的梳理，减轻学生在接触未知理论知识时的陌生感。

（三）法治教育内容更新速度慢

随着虚拟信息传播平台承载信息种类和涵盖深度的增加，生活中经历的各类现实事件经由不同传播平台不断地向人们展示，弥补了原本各区域之间信息和突发事件交流的不便，借助于虚拟信息承载平台的不断更新，小学生群体了解未知内容的渠道和手段持续扩充。学校内部教学活动的调查报告显示，一线课堂教师需要在限定时间内讲解的知识更多，而专门从事某一特定学科教育的教师相较原先阶段并没有人数上的增加。因此，兼任多个科目的教师并不能对所教内容有更多的钻研时间，只能按照教材文本的讲解脉络向学生叙述。但教材文本的更新时间较久，其中采用的许多案例对于如今的学生群体来说已过于陈旧，有些问题甚至不符合现今学生对该类现象的固有认知。例如，在小学阶段的后期教育中向学生讲解应拒绝不良诱惑的问题时，跟随课本讲解哪些青少年容易受到毒品的侵害。教师在讲解更多现实事例时不应再像以往一样讲述某些公众人物的不良行为，这类事迹虽在十几年前还是人们热议的话题，但与现阶段小学生接触的知识面并不一致。

（四）法治教育内容运用问题

对于教材文本向学生突出展示的法律相关内容，学生只有在调动想象，理解通读后，才可明确其内容，教材文本的知识内容并没有动态鲜活的媒介展示。如果想让学生掌握知识的思路更加清晰、消耗的时间更少，就需要专业类教师的加入，专业类教师通过自身对教材文本知识和呈现事例的分析，将概括性的知识以更易理解、条理顺序更清晰的方式向学生展示，对原本被固定下来的知识内容和理论观点以更动态化、形象化的方式进行改造，这样学生掌握法律内容知识的程度便与教师的转化能力挂钩。

第一，实践式教学应用不足。国家颁布的各类青少年教育条例提出，教学方式的选取要以学生现有的知识水平和教学效果的最优化为基础。在讲解各学科内容时，教师应更多考虑学生心理层面对该知识的初步认知态度，不能始终采用一种教育方式讲解所有类型的教材文本。要想加深学生对相关法律知识的理解程度，就需要教师在讲解未知内容时邀请学生参与体验，使学生对该法律内容的印象记忆更加深刻。但在讲解法律知识的过程中，专门提供给教师讲解法律条例规范的时间较少，所需的教学道具也不足。同时，学校教师也注意到小学生群体极易模仿他人的固有特点，较少将与法律知识相关的实际案例在课堂中复现模拟。但这类实际演示类教学方式的效果更好。许多研究各类教学方式的学者都指出，通过实践推论让学生掌握知识的方式远比单纯讲解更加轻松。学生在日常生活中经历的各类实践活动是其日后开展学习的基础经验，只有学生自身推论和掌握的知识类型更加丰富，学生才可以通过已有知识的不同排列组合完成新知识、新学习方法的加工。

第二，体验式教学无法落实。小学内部教学方式的调查显示，处于城市中心地带的学校相较偏远位置的学校，其教学媒介有较大不同。处于中心位置的学校对教师在课堂上应用的教学方式种类有基础性要求，会针对教师掌握的教学方式开展提升性或补充性的培训活动。例如，讲解法律性专业的知识内容需要关注其与学生之间的距离感，只是展示和讲述与教材文本事件相关的条例，并不能调动学生理解性的思维，并且法律相关知识的传授离不开其他品德类知识的辅助支撑，因此对于作为道德类知识包含内容之一的法律知识，教师在讲解过程中不会投入很多时间成本。教师在完成品德素养熏陶得过程中针对法律知识部分，往往会采取直接性的讲述和灌输，以在更短时间内完成教学活动。学生在听取以这类方式讲解的法律内容时，自然存在一些不理解之处，教师在完成讲解活动后也会对学生强调不需要专门记忆这类知识点，只是将这类知识点当作教师完成课时内容讲解的需要。第三，教学针对性有所欠缺。我国古代时期的教育理论就提出需要根据学生原有的知识程度和学习态度调整教育方式，现阶段对这一教育理念进行完善并提出，只有对不同学生开展针对性的讲解教育才能得到最优质的结果。在对新一批学生开展正式的教学活动之前，教师需要了解学生已有的对相关学科知识的理解，针对学生理解知识的不足之处进行补充才是最有效的教育方式，教师还要关注小学生群体生理年龄阶段固有的学习特征与初中阶段学生的学习特征之间的差异。在讲解专业性较强的法律类知识时，教师如果只是采取灌输式的教学方式，就会使学生对该类知识的印象感知更加模糊。因此，在小学阶段开展教育的教师应在了解学生掌握能力和知识特征的基础上，将适宜的教学模式插入固有知识内容中。对于即将讲解的法律类知识来说，教师在传输理论性较强的法律规范时，配以法治类故事和漫画图片，更容易使学生理解其中的原理。另外，专门从事法律型知识教育的教师在正常的讲解课堂之外，还可以在学生空余时间开展活跃性、实践性更强的主题活动，对参与学生进行思想认知和社会实践方面的培养。

二、微观视角下小学法治教育内容存在的问题

在对教师采用各类教学方式来讲解法律知识的课堂进行充分观察后可明确，现阶段教师在传授法律知识时还有以下不足之处。

（一）法律知识生动性、趣味性欠缺

调查人员在了解小学课堂和教师的讲解教案后明确，一线课堂教育者往往会根据目前需要传授的法律知识而强加实践性事例。例如，在较低阶段的小学教育课堂中，教师在向学生传授正确的道路行走方式时，可以先让学生描述自身在遇见信号灯和多条道路交叉的路段时是如何通过的，这样学生会集中注意力倾听教师接下来对自身行走方式的评价与意见。这是效果较为明显的理论性知识导入的方案。但教师在讲解道路安全知识的课堂中聆听完学生对自身经历的描述后，不能直接向学生展示国家关于这方面的道路规范条例。学生由于自身生理年龄阶段特征的限制，自然会对阅读一些文本性较强的内容有一定抗拒心理，再加之学生在将自身的生活经历以积极的状态分享给教师后正在期待评价类话语，教师在这一时间段内向学生展示国家规定性的条例只会使学生产生烦躁感和厌倦感。教师在对小学生群体讲解道路方面的法律知识时，应以让学生在生活中有自觉遵守规则和承担责任的意识为主要方向。

（二）瞭望台栏目利用不足

对小学生接触的法律类知识内容进行不同类别和难度的划分可以明确，教材文本在每节课后都设置了展示法律专业知识的专项区域。一线课堂教师在课堂中往往不会带领学生对这部分内容一同阅读解释，只是将其留作学生课后学习的主要材料。例如，教师在为四、五年级学生讲解具体课本内容时，可以先从就某一话题引导学生发表自己的意见开始正式的课堂，接着可以将专业性和法律性较强的内容融入学生身边的生活实例。综合小学阶段教师的做法来看，思路设计部分的脉络性较强，国家最新课程标准强调学生互动性的加入，但教师在最后阶段并没有利用课后专项区域提供的知识内容，教材文本编撰者设置瞭望台专区的主要目的是使师生通过共同阅读这部分内容来达到情感方面的提升。一般在这一专项区域展示法律性和专业性更强的规范条例并不是无用的设置，而是使学生在接触部分理论性较强的学科内容后，可以有更丰富的专业性法律认识。但对于小学生的固有生理年龄阶段来说，其独立理解各类法律条例的困难因素较多，其需要在独自阅读的过程中寻找教师帮助解读部分专业概念。这样，教师在帮助学生解决专区部分难度性较高的概念时，还可以依据此概念对学生进行相关内容、事例的拓展讲解，帮助学生更好地将理论性知识融入生活情景。

（三）权利义务紧密性不够

对青少年群体开展法律相关知识的教育熏陶需要以国家基

本法的各项要求为基础，需要使学生明确自身在社会范围中的角色有何种义务，在完成义务后可以获得何种权利。但在小学阶段现实教育课堂状况的调查中，相关人员发现，教师在课前设置讲解文本过程中没有将学生的权利和义务结合叙述。例如，在教师针对四年级学生开展的如何形成适宜的消费观念的活动中，中心教育思想是关注学生的自主性及学生在课堂环节中的参与度，教师设置的问题都由学生自发组成的小组解决。教师会在学生扮演消费者过程中人为添加一些消费问题，观察学生能否依据教材记录的消费者权利维护部分的知识解决问题。在活动完成后，教师再结合国家条例规定解读学生的解决行为是否适宜，并为学生拓展当自身的社会角色变为消费者时还有何种维护权利的切实手段。但教师设置的整体教育环节缺乏使学生明确自身应完成的义务的内容，在社会现实的消费活动中消费者拥有的权利需要在其完成义务内容后才可获得保障。如果不对学生讲解维权背后对应的义务内容，会使学生养成其他主体为其服务的不平衡心理状态。

（四）法治内容缺乏深入挖掘

在教材文本中，法律性专业内容的展示除专项法律区域和章节的详细内容之外，还必须依赖一线教师群体自身的解析实践，将教材文本中叙述层次较深和专业性更强的内容转化为更易理解的教育内容。这样学生可以在自身对已有知识的积累中融入新内容，从而在小学教育阶段实现对未知学习内容的最优质吸收。但专项活动调查人员在解读教师课前完成的讲解流程设计时发现，教师流程脉络的设计仍然以教材文本固有的体系为基础。通过对其他国家和我国其他时期的教育历程总结来看，教育内容讲解者与知识概念点之间应是相互配合、完成共同任务的关系。教育内容的讲解者不能只以知识包含的具体内容为全部教育内容，还需要教师通过自身对概念的理解，将其他有关的知识与其结合，完成形式、内容更为完整的教育课堂。例如，在小学教育阶段后期，教师在为学生讲解在社会范围内生活需要何种品质时，可以先介绍一种优秀品质的含义及其在生活中的具体表现，然后带领学生联系其他同性质的历史故事和现实事例。这样学生就会对自身在接触社会事件时的行为准则有一定把握，但在这一教育活动中教师并没有将这部分品德教育内容与法律性的相关知识联系。学生在小学教育阶段后期已经了解一定数量的法律知识，对社会现象背后反映的法律内容会有自身的认知和初步判断。教师在这一阶段讲解品德类教育实例时应强化和认可学生对这部分法律知识的正确理解。

（五）作业设计环节被忽视

针对不同层次学生，设置作业环节是流程完整的教育课堂必备的，学生完成的作业内容是对课堂中教师讲解内容的强化记忆和实践应用，也是衡量学生课堂学习状态的有效手段。国家在对各类教育内容和讲解体系进行调整、完善后，强调不同时期的受教育者需要多样化的教学方式。对应的作业布置和完成部分也需要形式的创新，如布置不只需要在书面上完成的作业形式，让学生根据本节课讲解的内容收集有关的课外实例等。调查人员在对教师预先设置的教案进行解读的过程中发现，教师在完成每节课法律性专业内容的传授后并没有布置巩固类作业。例如，小学阶段的后期讲述的如何拒绝不良诱惑的内容已经与法律性专业知识有较密切的联系。因此，教师在讲解完理论性较强的知识点后，如果不给学生布置提升类作业，学生受记忆形式的限制在一段时间后，就会将理论性更强的内容遗忘，尤其是学生在这一教育阶段对社会中外部事物的认知、判断有自身的衡量标准，了解新知识的学习思维在很长时间的教育活动中得到锻炼和提升。教师在对这一生理年龄阶段和教育程度的学生布置作业内容时，应设置一些需要学生有一定思考的知识性问题。如果教师设置的练习内容不能引发学生对知识点的思考，学生就会失去解答简单记忆问题的兴趣，继而对该学科知识内容的难度产生理解障碍。另外，现阶段还有部分教师会根据本节课讲解的专业性内容理解形式的需要自主设计课后作业题目，消除了原本答案固定的概念记忆类问题枯燥的弊端。

三、小学法治教育内容存在问题的原因分析

通过对法治教育教科书内容及运用过程中存在的问题进行阐述和明晰，笔者认为这些问题的存在有以下三个方面的原因。

第一，法治教育内容作为品德类教科书中的一部分，其受

重视程度不够。在依法治国的大背景下，国家对法治教育的重视程度愈加明确，以对青少年进行法治教育为重中之重，国家也基于此颁布了一系列相关的政策文件，以促进各地对青少年法治教育的重视。但就教科书本身而言，首先由于目前教育体制仍以应试教育为主，法治教育依附于品德类教科书而存在，在中学阶段仅作为会考科目，在小学阶段更没有得到重视，并非考核科，在升学考试中也不占任何比重，法治教育也并非一个独立、自成体系的学科，因此法治教育仍然处于十分尴尬的境地；其次，国家没有明确的监督制度，对学校法治教育课程教师如何更有效地教学、教学的课时数量，以及对相关教师如何考核等都没有具体明确的规定，这在一定程度上给予学校及教师过多的自主权，造成学校及教师的消极弹性应对；最后，国家对学生在接受法治教育后效果的判断没有明确的标准，对法治素养较低的学生如何加以改进、法治知识又该如何加以普及等都没有明确的规定，无法衡量一个学生法治知识的水平。

第二，法治教育内容的编写未得到各方支持。在国家政策的推动和驱使下，各地为促进当地法治教育的发展也进行了相关的政策制定和应对措施，如贵州省制定《中小学学科教学渗透法治教育考核工作方案》，以加大对法治教育检查考评力度，随着国家对普法经费的重视和提高，贵州省还根据当地经济发展水平，要求按不低于人均0.5元的标准设立普法专项经费。虽然做了诸多努力，但法治教育在教科书最根本的编写环节上还未得到重视。首先，各地仍然注重抓学生成绩，对素质教育较为忽视，相关的政策并未切实履行，造成一种"上有政策，下有对策""上面重视，下面忽视""只打雷，不下雨"的现状，并未起到切实效果，教科书的编写人员虽然有相关中小学教师、专家等，但法治教育内容还没有得到明确；其次，各地在对学校监督检查的过程中，也存在走形式、走过场、不及时、不经常的现象，法治教育本就是一个长期性、系统性工程，是一场持久战，不可速战速决，编写上的问题造成法治教育教学系统性不强，实效性不突出；最后，各地对学校的法治教育教学内容的编写没有明确的要求，学校教师被动、不积极参与，也未深入切实地了解各学校法治教育的工作现状及问题所在，未能及时予以反馈。

第三，教师自身层面法治素养欠缺致使教学运用存在问题。教师要以身作则，教书育人，小学生的模仿能力极强，教师在教学过程中的一言一行都会对学生产生潜移默化的影响。首先，教师自身的专业法治知识并不丰富，常在教学过程中被忽视或一带而过，在学校没有监督督促的情况下，教师自身也并未想去补充和学习。我们常说，教师要给学生一杯水，自己要有一桶水，因此教师的法治知识亟待补给。其次，教师在法治教育方面的教学方式也存在各种问题，法治教育不同于其他教学，要在切实的教学过程中使学生内化于心、外化于行，教师只有不断进行教学反思才能不断提高自身法治教育的教学能力和水平。最后，教师的法治观念也较为不足。比如，有些学校在每周一次的"法治进课堂"活动中，由品德教师进行讲授，方式较为单一和枯燥，品德教师大多还是年纪偏大的老教师，学校认为他们在语文、数学主课中不能较好地发挥作用，因此就"分配到边疆"，在品德类课程中发挥余光，在学生遇到的问题涉及法治时草草解决，草草了事。

第三节 优化小学法治教育内容的策略

法律是维护社会秩序和安全的重要手段，可以很好地保障人民的安全，也可以约束人们的行为，使人们形成完善的道德修养和品质修养。国家未来发展的命运，掌握在新一代青年的手中，因此需要对青少年的人格塑造问题进行重视，并制定完善的法律来规范其行为活动。要培养青年的品质，应当在幼年时期就进行，在小学教育阶段就需要让学生了解和认识到，法律是保障人身安全、社会安全的重要手段，对学生进行法治教育，使学生形成规范的行为能力和法律思维。教育学生最好的办法就是对学生进行义务教育，以相关的课程或法治讲堂的方式，让学生参与多种多样的法治活动，在无形中培养学生的能力和知识。学生在小学阶段学习的法治教科书，应当随着时代的变换而逐渐更新，以更好地适应时代发展要求，为学生提供更加有效的教学效果。

当今时代，社会各界对学生的法治教育并不是很重视，在具体落实上会出现许多问题。如果这些问题不尽快解决，那么培养新时代青年的任务就会更加艰难。因此，国家及相关法治教育部门应针对学生的教育体制进行有效改革，帮助学生完善教育课本的内容，提升教师的教学能力，为学生提供良好的教育环境、督促各个学校将理论落实，从根本上解决学生的法治教育问题。

一、法治教育内容编写主体多元化

为使现代社会可以得到更好的发展，人们的法律意识应得到加强，法治教育的问题也应得到社会各界的重视。我国当今的法治教育还没有形成完善的体系，只有耗费较长的时间来对体制进行修改，才可以逐渐提升我国人民的法治素养。要想培养综合型人才，就需要从小对学生进行知识和素质方面的培养，让学生成为法治素养和道德素养兼备的人才。只有具有道德修养的学生才可以更好地参与社会生活，并得到长远的发展。相较于专业知识的培养，社会更需要的是具有优质法律意识的人才。因此，对学生进行法治教育就显得尤为重要。

其一，需要对学生的法治教材进行修改，使法治教材具有合理性和现实性，真正帮助学生掌握、应用法律。国家教育部门应当对不同地区的学校进行实地考察，加强学校和当地法律机构之间的关系，使学校的法治教育更具有实践性，真正地帮助学生解决法律问题，并使学生形成更高层次的法治素养。各地的法律机构应当定期去到学校对学生进行法治问题的讲授，帮助学生解决更多法律层面的疑虑。其二，应当提升传授者的教学能力，招聘更多具有专业法律知识的教师，为学生提供更好的法治教育。传授法律知识给学生的教师，自身的法治意识应当很强，并且需要聘请当地经验丰富的法治机关人员来进行知识的传授，向学生进行各种经典案例的分析，帮助学生解决更多的法律问题。指导学生运用法律的手段来维护自身的合法权利，并教会学生在遇到困难时应当如何运用自己所掌握的法律知识来保护自己，尤其是小学生思想意识还不成熟，无法形成完善的行为意识，因此很容易受到外部恶意的伤害，这就需要让学生了解到法律是对抗恶势力最好的武器，法律知识可以保护自己，从而激起学生学习法律知识的热情。培养学生的法治意识不仅需要学生自身努力，也需要教师从旁协助，不断提升自身的能力和经验，以更好地帮助和保护学生。

二、法治教育内容选择提高契合度

要想培养学生的法治意识，就需要为学生创造良好的学习环境，在学生的课程计划中加入法治教育的部分，使学生受到法治的熏陶，从而形成一定的法律意识。对于小学生来说，他们的三观还没有完全形成，这个时候对其进行法治教育，可以得到最佳的效果。学校应当为学生设立良好的学习环境，教师应对学生思想品质方面进行正确引导，使学生可以具备良好的道德和法治修养，为今后形成完善的人格做铺垫。此外，对学生进行具体的法治教育，可以从以下几个方面教导：首先，带领学生了解法治，让学生认识和学习各项法律内容，对法律怀有敬畏之心，遵守法律规章，做一个有纪律的公民；其次，广大师生要自觉维护法律，拒绝做出违反法律或忽视法律的行为；最后，需要运用法律的方式来维护自己或他人的权利。小学生还不具备完全行为能力，最应该掌握的就是各类未成年人的保护法，小学生了解、学习这类法律，并运用所掌握的知识和法律来维护自身的权利，可以保护自己的人身安全不受侵害。教师应当对这类法律进行反复的讲解，让学生在脑海里对这类法律形成深刻的印象。除了运用法律，还应该维护法律。遵纪守法是每个公民的义务，只有维护法律，才可以使法律的权威性受到保护，进而得到法律的庇护，如果忽视法律，就会使法律受到侵害，不利于人们开展各项工作及对自身安全的维护。在对学生进行法治知识教育时，课本是重要的工具之一。课本体现的内容和形式直接影响学生的学习效果。因此，一定要注意在编撰过程中，使内容更加科学、合理、具有现实意义，只有这样才可以真正帮助学生获得法律知识和技能，使学生的思想品质得到提升，有利于学生的身心健康发展。但现如今还没有针对各个年龄阶段学生的教材，大部分法治教材内容都是统一的，不具有针对性，并且各个学校都采取相同的形式来开展教学，只对法治教育进行理论指导，没有结合实际来开展活动，学生并没有很好地掌握知识。为了改变当今法治教学的现状，国家应当制订严格的教学计划，监督各个学校进行落实，并展开随机检查，保障学生可以受到良好的法治教育，从而使学生形成健康的人格和思想品质。

三、法治教育内容编写注重科学化

教材是学生接触法治知识最直接的工具，因此在编写教材的过程中，应当注意教材内容具有现实意义和指导意义，使学生可以通过学习教材知识，从而对法治知识有一定的认知，并可以根据自己所掌握的知识，对自身的合法权益进行维护。当今时代的法治知识教材是从法律和道德两方面来对内容进行阐述的，这使学生可以在学习法治知识的同时形成优良的思想道德，有利于学生的身心健康发展及思想品质的提升。在编写小学教材的过程中，需要注意两点问题。第一，需要注重教材内容的合理性，向学生传递正确的价值观念，让学生知道学习法律不仅仅是为了使自身的权益得到保护。同时，在享受权利时，也要履行一定的义务。权利与义务是对等的，不存在只享受权利而不履行义务的行为。从小培养学生权利与义务平等的意识，让学生在日常生活中感受到享受权利是为了更好地维护全体同学的利益，而不是谋取私利的工具，进而使学校环境变得更好。在传统教材中添加这方面的内容，可以使当代学生受到更好的法治教育。第二，需要在教材中体现学习法律可以使自身的合法权益得到保护。校园中经常会出现欺凌、打架斗殴、暴力事件等不良现象。这是由于小学生正处于成长期，没有形成完善的价值观念，无法分辨好和坏，如果不对其进行正确的引导，就会使学生产生逆反心理，甚至做出伤害他人的行为，因此对学生进行法治和道德教育是非常重要的。教师和高校一定要重视学生这方面的问题，运用合适的方式帮助学生进行正确的判断，并掌握一定的法律知识来维护自身的权益。学生也需要遵纪守法，不侵害他人的合法权益，在一个健康的法治环境中成长，使自己的身心都得到较好发展。

四、法治教育内容呈现突出趣味性

国家十分重视当今时代学生的素养和法治意识的问题，因此制定了严格的规定来维护学生的权益。各地学校也积极响应国家政策，针对学生的法治教育开展一系列的活动。

首先，改善学校以往的教学形式，不再只对理论上的知识进行教学，而是为学生创造更多实践的机会，使学生可以运用理论实践一休化的方式来提升自身的法治能力，让学生不仅掌握法治知识，还学会灵活地运用法律手段来维护自身和社会安全、稳定的发展。提升学生的法治意识不仅可以加强学生对法治的认识，更可以减少学生的不良行为，为学生的健康成长创造良好的环境。当今法治教育的形式多种多样，增加教材和教学模式的趣味性可以吸引学生的注意力，使学生更愿意积极主动地学习。在对小学阶段的学生进行教学任务设计时，更多的是运用多媒体方式。多媒体自身具有色彩鲜明、内容丰富、动画有趣等特征，可以为学生提供更多有趣的学习途径。在教材设计上，编写特点也主要是图多字少，这样的教材内容更能吸引学生的注意力。而且，运用故事的方式来对一些法治问题进行阐述，可以让学生在趣味故事中掌握法律知识，这样会加深学生的印象，对学生的长久记忆具有很好的作用。其次，各个学校还可以开展提升教师法治意识的活动，使教师拥有更好的思想道德修养，从而对学生产生潜移默化的影响，提升学生的法律意识和道德修养。同时，让各个教师之间开展交流沟通，还可使教师之间相互促进、共同进步。无论是教师，还是学生，都应该有完善的法治思维。只有具备这种能力，自身的权利才能得到保障，整个社会才能长治久安，这有利于我国整体人口素养的提升，对我国文化建设工作具有重要意义。

最后，当今的法治教育不能只停留在课本上，应当丰富教学方式，采用理论和实践相统一的方式，为学生创造法治实践活动的场所。这样，学生有机会参与普法活动，应用自己学习的知识，检验自己的学习情况。组织学生之间开展各项有趣的法治游戏和比赛，可以提升学生学习法治知识的积极性。我国未成年人的法治教育研究人员针对未成年人的法治教育，设计了各种有趣的娃娃模型，将一些法治知识，以语音的方式来教育学生，使学生受到潜移默化的影响，提升自我保护的安全意识。当有人触碰到娃娃身体时，娃娃会发出拒绝和警告的声音，如"妈妈说了这里不能碰"等类似的声音，这种方式可以让学生脱离枯燥的知识，以生动形象的方式让学生受到自我保护的教育，使知识更易于接受和理解，并起到更好的效果。

五、法治教育内容教学运用高效化

要想使法治教育真正对学生起作用，就需要让学生所学的知识可以有用武之地。只有让学生感受到法律可以真正为自身和社会带来好处，学生才会更愿意学习法治知识，学生的身心才会得到较好的发展。教师是学生法律意识还未实现之前最重要的引领者。因此，教师的思想道德修养对学生今后人格的塑造有着重要的影响作用。所以，不仅需要培养学生的法律意识，还需要培养教师的法律意识，并鼓励教师之间相互学习、共同进步。教师在对学生进行法治教育过程中，要向学生灌输平等、公平的意识，让学生切实感受到法治应当是人人平等的、权利与义务统一的，使学生具备遵纪守法、敬畏法律的心理。只有让学生尊重法律，学生才会更加积极主动地参与法治知识的学习，使自身的修养得到提升。

（一）提高自身素养深刻解读文本

随着经济的高速发展，我国越来越重视学生的身心健康发展，因此针对学生法律意识这方面做了诸多工作，使教学模式可以更加适应学生的发展。传统的法治教育使教师按照教材上的内容来对学生进行讲解，没有以学生的角度作为出发点，忽视了学生的主体地位，不利于学生对知识的吸收。当代的法治教育则规避了这种教育误区，从学生的角度来制定具体的教学内容，并通过加强教材的趣味性来提升学生学习的兴趣，更关注学生的学习兴趣，使学生获得更好的学习体验。教师也不再是课堂上唯一的权威性存在，师生之间的课堂地位趋于平等，学生更多的权益得到保障，学生能获得更多的表现机会和实践机会。

小学生思维意识还不成熟，需要教师对其进行引导。教师的言语行为都会潜移默化地对学生产生影响，学生甚至会模仿教师的行为。因此，教师的思想修养会间接决定学生的品质道德。这就需要教师具备较高的思想道德修养及法律意识，只有这样才可以使学生也具有这方面的能力。对学生进行法治教育最好的方式就是以身作则，这是再多的课本都无法传递的。教师不应当只是教材的讲解者，更应该是思想的引领者，教师应不断学习、钻研，使自己成长为反思型和钻研型教师，帮助学生更好地提升自身修养和丰富法律知识储备。此外，教师还需要对学生进行实际案例的分析，让学生可以更能感受到法律就在我们身边，我们应当好好学习法治知识，运用法律的武器来维护我们的权益。案例最好选取近期发生的，这样学生就会有更多的认知，并想要深入了解，从而增强学生想要自主学习法治知识的积极性。由于学生处于小学阶段，思想意识还没有发展完全，所以尽量避免过于血腥、暴力的案例，以免对学生的身心发展产生不良影响，并影响学生的情绪。还需要注意的是，教师在教学过程中，不仅需要将课本上的知识教给学生，更需要结合现实，让学生更好地理解。法治教育的课堂模式只有具备实践性，才可以真正地使学生感受到学习法治的重要意义。

更重要的是，掌握的案例解决方式越多，解决问题的方法就会更多，从而使学生更好地保护自己的安全和维护自身的合法权益。

（二）回望生活理解文本注重沟通

法治教科书在革新之后，更加具有实际意义，也更加关心学生的健康发展。教材主要采用图多字少、故事性强、文字简练的特点呈现出来，这极大地吸引了学生的兴趣，尤其是年龄较低的学生，尽管理解能力和阅读能力都不强，但可以通过动画和故事的方式了解法律知识，并被深深吸引。书本采用简单的文字叙述，并搭配有趣的图画，可以使学生吸收知识的效果大大提升。第一，教师在对学生进行知识讲解之后，要让学生有时间消化自己在课上学到的知识，并结合自身或身边的真实事件来进行回忆，这可以帮助学生获得更好的学习体验并更加了解教师讲解课程的意义所在。学生处于年级较低的阶段，自身的各项能力都没有完善，理解能力和认知能力都不完全，但是图画的教材可以更好地吸引学生，并使学生获得更好的学习体验。第二，教师应当在学生学习过程中，给学生更多的表现机会，让学生在课堂上可以自由、踊跃地发表自己的看法，教师应当鼓励和表扬学生，提升学生学习的积极性。这对学生的全面发展有着积极的影响，并可以使学生的身心得到更好的发展。学生的参与感得到提升，就会更加愿意独立思考，逐渐使自身的思维能力、表现能力都得到很好的提升。

（三）加强体验式教学提高教学实效性

教师和学生在教学过程中是以平等的姿态和完整的人格进行积极的沟通和交流的，两者之间的关系是平等的、双向的，法治教育教学内容的有效展开离不开两者之间的积极配合和沟通。当两者都与法治教育内容展开对话后，彼此之间的对话就更为清晰和明朗。但在这个过程中，教师仍发挥着其不可逾越的引导作用。因此，教师仍需做好以下几点。首先，教师要切实了解学生的逻辑，每个年级的学生都有其特征，这是教师在教学过程中不可忽视的，也是教师在备课环节的重要内容。通过对学生的切实了解，在法治教育内容的具体展开过程中，教师会以学生为出发点和落脚点，契合学生的需要，从而使法治教育内容变得鲜活、易于学生理解和接受。其次，法治教育不是简单灌输、讲授，而是体验、感悟。因此，教师在实际教学中应采用体验式、参与式的教学方式，比如在学生了解交通信号的过程中，教师可以开展"我是小交警"活动，由不同的学生分别扮演交警和行人的角色，让学生思考当遇到不同的交通信号时该如何去做。此活动的开展既可以深化作为"小交警"的学生的责任意识，让学生体会交警工作的辛苦，也可以让学生对交通信号了解得更实际，体验得更到位。但教师在这里要注意小学生爱动、爱玩的特点，提前讲清规则，防止造成课堂过乱的状态。最后，教师要注重在法治教学过程中对学生评价方式的转变，在法治教学过程中，学生会有自己独特的理解和体验，教师要注重运用形成性评价的方式，对学生的理解进行引导而不是一味否定。另外，对学生的作业设计也要不断予以优化，提高作业对学生法治理念的积极强化作用。

第二章 小学道德与法治课程教学中的德育

第一节 小学德育教育的意义

一、深化学生的道德意识

学生在小学阶段还没有形成完善的思想行为意识，这一时期对学生进行正确的思想引导尤为重要。学校应当对学生进行道德修养的培育，并开设相关的法治课程来帮助学生形成完善的人格。只有学生具有积极、健康的思想道德，学校才可以对学生进行专业知识的培养。如果这一阶段任由学生的思想发展，而不对学生进行教育，很容易导致学生人格的不健全及身心发展的不良。教师应当对这一阶段的学生进行正确的引导，帮助学生走出困境，并且这一阶段的学生思维活跃、很难集中注意力，容易对枯燥无味的理论课程产生厌烦心理，这就需要教师丰富自己的课堂内容，运用更精彩的方式来使学生学习法制知识。只有学生愿意学习，学生吸收知识的效果才会更好。为了使学生的参与感提升，教师除对课本知识进行讲解之外，还需要开展丰富多彩的实践活动，使学生更好地参与法治社会的学习，真正掌握法治知识和技能，使学生的思想得以完善，在遇到问题和困难时，运用法律的手段来维护自身的合法利益。

二、升华小学生的道德情感

对学生进行教育的过程主要有两个目的：一是以教育的方式使学生获得知识，丰富自身的知识素养；二是为了以教育的方式使学生的思想道德素养得到提升。相较于知识的培养，人格的塑造更为重要。只有让学生成为有思想、有道德的主体，才可以使学生在今后步入社会时能够更好地生活，并为社会创造价值。培养学生的道德，不仅是教师的工作，家长也需要担负起一定的责任。教师和家长应一起对学生的思想道德进行培养，为学生提供正确价值观念的引导，最后使学生形成完善的人格。

三、建构小学生的道德行为

学生在对道德素养有了初步的认识之后，就会具备判断是非的能力。这时的学生已经形成道德素养的基础认知，而且随着生活阅历的增加，学生会逐渐完善自身人格。要想使学生得到更好的教育，就需要丰富教学内容来吸引学生的学习兴趣，培养学生自主学习的意识，让学生养成良好的学习习惯。教师和家长也需要在学生探索知识的过程中，引导、肯定学生。学生只有感受到学习的乐趣，才会全身心地投入学习，并从中获得知识和技能，提升自身的综合素养。

第二节 小学德育教育的现状

随着国家越来越重视对学生道德素质的培养，各项政策得到了更好的落实。因此，道德教育得到了较好发展，越来越多形式的道德素质教育课程得以开展，通过理论和实践相统一的方式来提升学生的道德素养，并针对学生的政治认知和文化建设提供相关课程的讲解，使学生得到多方面的培养，促进学生发展成为德、智、体、美、劳全面发展的综合型人才，为我国社会提供更符合时代发展要求的新青年。学生所需要了解的道德素养包含多个方面的知识，不仅是品质，还有如何处理好在人际交往中遇到的问题。但我国小学德育教育仍有不足。

一、小学教师对小学德育教育不够重视

以往的教育观念认为学生在小学阶段最重要的是身体健康，认为学生的心智还未成熟，很难对其进行教育。因此，各个学校和教师很容易忽视对学生道德素养的培养，只是一味关注学生的身体健康情况。这会导致学生缺乏正确价值观念的引导，无法形成完善的人格。后期学校和教师再对学生进行道德教育就很难了。

二、目前我国德育教育目标过于抽象

当前我国教育部门已经开始重视学生道德素养的培养问题，但还没有具体的解决方案，只是停留在思想理论的教育上，没有真正将这项工作落实到现实教育中。如果只是在理论上对学生进行教育，对学生形成完善人格的影响就不大，甚至起不到作用，教育部门应当结合社会的发展现状来对学生进行教育。此外，我国当今小学阶段道德素养课本的版本过低，不具有现实指导意义，无法使学生对其枯燥的内容提起兴趣，从而使学生的道德修养形成得不完善，这在一定程度上不利于学生的长远发展。

三、德育教育方法过于单一

对学生进行思想道德教育所运用的方式非常重要，只有对症下药，才可以使学生的道德素养得到有效提升。完善学生的道德素质课程内容，提升其趣味性，吸引学生的学习兴趣，使学生逐渐养成自主学习的好习惯，这对学生提升自身的综合素养具有较好的效果。通过不断探索找到更多适合学生发展的教育方法，可以更加高效地提升学生的知识掌握能力和道德修养。对于小学阶段的学生来说，养成良好的学习习惯是至关重要的，只有从小就形成良好的行为习惯，才可以使其后天的学习变得更加主动，从而提升自身能力。

第三节 加强小学生德育教育的建议

一、重视小学德育工作

由于处于小学阶段的学生心智和行为能力都不成熟，需要其他人在旁监督，因此要想使学生的道德修养得到提升，人格修养得到完善，就需要学生、家长和教师共同努力。具体来说，教师要在学校通过课堂向学生进行道德教育，并对学生提出的问题进行解答，对学生进行正确价值观念和道德观念的引导；家长则需要在生活中对学生进行潜移默化的影响，使学生在较小的年纪就可以对德育素养形成初步的认知，并逐渐使其自身的素质得到提升。

二、提高教师德育素养

要想使学生的道德素养得到有效提升，就需要各方力量都可以重视起自身的工作。教师作为学生道德素养的传授人和引路人，对学生的道德素质形成起着至关重要的作用。因此教师也应当对自身的道德素养进行提升，并对学生进行教育的课堂内容进行丰富，使学生更愿意参与道德学习中。

三、挖掘德育教育契机

传统的德育主要依赖课本上的固定知识来对学生进行讲

授，依据课本内容来制订学生的学习计划，而忽视了学生的主体地位，无法真正提升学生的道德素质，只是机械地完成教育任务。为了使学生获得更好的学习体验，教师应当以学生为课程任务的出发点，多设计一些学生可以参与的活动，提升学生的参与感，让学生更积极、主动地学习道德素质。

四、合理选择教学方法

要想使学生形成完善的道德修养，就需要选择合适的方法来对学生进行教育，合适的方法可以起到事半功倍的作用。在道德素养教学中，最重要的就是将理论与实践相结合，让学生学习的课本中可以体现现实生活中的问题，拉进学生和知识的距离，这样更有助于培养学生自主学习的能力。如果不考虑学生的感受，只是一味对其进行知识输送，就会使学生产生厌烦心理，从而丧失学习兴趣。教师只有从学生的亲身感受出发，制定适合学生学习的课程内容，对学生进行正确价值观念的引导，使学生对道德修养有基本的认识，学生才会随着成长逐渐形成完善的人格，这是个循序渐进的过程，不能急于求成。教师只有对学生进行耐心、细致的引导，才可以得到令人满意的教育效果。

五、合理运用多媒体

当今时代经济发达，互联网成为时代进步的标志。许多行业都会将互联网应用到各自的领域，教育也是一样的，互联网与课堂相结合，可以为学生提供更加便捷、有效的教育环境。学生被新颖模式、内容丰富的多媒体所吸引，会使吸收知识的效果更好，大大提高学习的积极性。学生在愉快轻松的心情中既可以学到知识，还可以有效提升学生的道德素养。

六、组织开展德育实践

要想使学生真正了解道德素养的形成，就需要让学生真正参与社会实践。学生不可以只停留在理论知识的学习上，教师应当运用理论与实践相结合的方式，对学生进行思想道德的培养，要让学生置身于现实生活中，通过亲身参与的方式提升自己的道德素养。

对学生进行义务教育的目的在于使学生通过学习知识不断提升自身的素养及对世界的认知能力，开拓自己的眼界，让自己具有高尚的情操和专业的知识素养。在培养学生成才的过程中，教师需要对学生进行正确价值观念的引导，使学生可以朝着正确的方向一直奋斗。在学生成长的过程中，最重要的就是对学生道德素养的培育，这是一项艰难而漫长的道路，需要教师和学生一同努力，共同对道德素养的真谛进行探索和研究，最后形成健全的人格。

第三章 道德与法治课程教学的基本理念与方法

第一节 生活德育论辩证及其在道德与法治教学中的运用

生活德育论是在我国中小学德育课程跨世纪改革进程中，为广大德育工作者和教师所熟悉、推崇、实践运用的理论与思想，无论其源于杜威的经验主义教育哲学，还是源于陶行知的生活教育思想，至少至今都已成为一种广泛的德育方法共识，这一点有目共睹。但在实践中，有一种导向值得思考，那就是将生活德育等同于日常生活教育，一味沉浸于具体的衣食住行、待人接物等琐碎的生活，表面上看生活德育名副其实，实则使生活德育的内涵大打折扣。要想科学认识生活德育理论，就必须辩证看待生活德育的内涵及其价值。

一、从生活教育到生活德育

生活教育是一种古老的教育思想，也是一种现代教育思想。说它古老，只因为生活教育思想伴随课程思想就产生了。"无论返回到古代埃及人、巴比伦人那里，还是返回到古代中国人那里，情况似乎都是一样的——课程，无论是正式的还是非正式的，都是起源于人们的日常生活。为了胜任成人的工作，后代都得经受特定课程的训练。"[1] 在这个论断中，课程的初始功能就是为成人后的生活做准备，这也可以看作是课程教育的源流本真。为什么说它是现代教育思想呢？生活教育的本真被在欧洲中世纪及中国古代，占据主导地位的精英、经院主义、囿于课本的知识教育阻隔。即便是在精英知识教育占据主导地位的中世纪，生活教育的主张和追求也从未间断、停歇。古罗马帝国时期的思想家奥勒留·奥古斯丁（Aurelius Augustinus）十分看重儿童的天性和生活，他写道："一加一等于二，二加二等于四……这真是令人讨厌的事，可是木马和玩具战士，特洛伊和克鲁沙鬼魂的燃烧，这一切真像一场美梦。""我既不缺乏记性，也不是没有能力，但是我们喜欢游戏，为此我们挨打，甚至于遭受那些自己也很爱玩的教师的责罚。大人懒散就算作正经事，而如果儿童懒散，那么这些大人

---

[1] 布鲁巴特. 西方课程的历史发展[M]. 丁正霖，张中建，译. 北京：人民教育出版社，1988：44.

就要责罚儿童。"[1] 这段话表达了奥古斯丁对儿童天性的重视，同时反映了他对僵硬刻板教育的厌恶和对儿童自由自主、不受限制学习和发展的期盼。18 世纪，法国启蒙思想家卢梭创立自然教育观。这种教育观立足人本精神，并扩展到自然与社会，被视为新旧教育的分水岭[2]，实质上是对教育社会化、生活化价值的坚守和渴求。卢梭的自然教育有三个来源，即自然、周围的人们及外界的事物。他认为，"人是自然的学徒……平庸的教师只能限制他们的智力，把他们束缚在教师自己的狭隘的能力范畴之内"[3]。他还批判世俗精英主义教育情结，指出"世间的父母和教师不是造就儿童，乃是完全按成人的要求把儿童造就成学士、博士，野蛮的教育使儿童欢乐的岁月在眼泪、惩戒、威胁、奴役中度过"。卢梭认为智育的任务不在于传授系统的科学知识，而在于发展儿童获得知识的能力，激发他们对所学知识的兴趣和能力。美国教育家杜威提出"教育即生活；教育即生长；教育即经验的持续不断的改造"[4]的主张。陶行知进一步倡导"生活即教育"的思想，并将生活教育的特质归纳为"生活的""行动的""大众的""前进的""世界的""有历史联系的"[5]多个方面。至此，生活教育才作为现代教育思

[1] 奥古斯丁. 忏悔录 [M]. 吴元训. 中世纪教育文选. 北京：人民教育出版社，1989：5.
[2] 吴值敬. 简述卢梭自然主义教育观及其影响 [J]. 考试周刊，2009(4)：209-210.
[3] 李朝军. 论卢梭的自然主义教育观 [J]. 经济研究导刊，2008(9)：197-198.
[4] 张人杰，王卫东. 20 世纪教育学名家名著 [M]. 广州：广东高等教育出版社，2002：56.
[5] 方明. 陶行知教育名篇 [M]. 北京：教育科学出版社，2005：238-241.

想和理论逐渐被接受、认可，并与经济社会发展变革密切结合，走上教育思想的主导位置。

生活教育既是生活德育的思想源泉，也是生活教育思想的衍生品。不同的是，和学科知识的系统性、客观性、稳定性及社会应用性相比，道德更加具有人本性、生活性、内生性等特点，更加强调道德的生活意义和社会价值。生活德育的本质不仅是要引导学生过有道德的生活，还要让学生理解有道德的生活是一种和谐的、幸福的生活，更是与社会普遍规范相适应、与民族国家发展相关联的生活。

二、生活德育内涵理解

生活德育思想是现代德育的人本化转型，在这个转型过程中，我们需要避免走入另一个极端，即把生活德育窄化或者说是矮化为日常生活教育，陷入一地鸡毛的生活琐事中。理解生活德育的内涵，就必须有立体的、完整的视野。首先，生活的内涵不仅是指日常生活，如学习生活、家庭生活、人际交往等，这些固然是生活德育的基础和常态，但生活教育的视野还应包括公共社会生活、文化生活、国家生活、世界交往等，这也正是道德与法治课程内容的，由个人、家庭、学校、社会、国家、世界六大领域建构的思想底色。理解生活教育的丰富内涵，有利于我们整体把握生活德育，并懂得从生活的视角把握各领域教育主题的生活意义及其道德内涵，不至于解读为讲日常生活就是生活德育，讲经济社会、民族国家、世界意识、文化传统就不是生活德育。事实上，后者是更为重要的生活德育，因为个体生活只有融入社会进步潮流、民族国家发展大局、世界变革大势，才有大格局、大胸怀、大视野。其次，道德不仅具有个体修为意义，更具有社会合群意义。也就是说，生活德育不仅是为个人生活服务的，更是为社会、民族、国家发展乃至世界进步服务的，这是生活德育价值的完整意义，离开社会的、民族的、国家的、世界的立场和境界，生活德育的内涵势必会被窄化、矮化。

三、生活德育的实践性理解

生活德育本质上是一种实践教育，在生活中学习道德，在学习中发展道德，是生活德育实践性的基本要义，这一点对于日常生活类、部分社会类德育主题不难理解，但如何在传统文化、经济社会发展、民族精神、国家意志、世界发展类主题中实施呢？这里就涉及对实践教育的理解问题。生活体验、社会活动是一种实践教育形式，观察发现、信息收集、模拟演绎也是一种实践教育。《青少年法治教育大纲》专门提出社会实践要求，"各级教育部门和学校要积极组织学生参加法治社会实践活动。各地要根据实际，积极建设综合性的青少年法治教育实践基地，在司法机关、相关政府部门或者有关组织、学校建立专项的法治教育基地。在统一组织的学生社会实践活动中，要安排相当比例的法治实践内容，让学生在真实的法治实践情景中进行学习"。由此可见，实践教育是生活德育最有效的途径和方法，培育实践态度、能力也是生活德育内涵本身。

四、生活德育课例

小学四年级《品德与社会》"我家的收支账本"第二课时：零花钱怎么用。

（一）教学目标

（1）帮助学生树立正确、合理的消费观。

（2）引导学生感受父母的辛劳，珍惜零花钱。

（3）指导学生学会合理安排、使用零花钱。

（二）学情分析

四年级学生一般都会有自己的零花钱，限于家庭经济条件不同，多多少少是很正常的事情。在零花钱的使用上，有的学生大手大脚，有的学生局促谨慎，有的学生热心助人，有的学生自我满足。由零花钱引发的消费观念、个性发展、人际交往、社会公益价值取向等问题是本节课必须面对的教育问题。

（三）教学思路与策略选择

根据教学目标，结合学生实际，本课教学将遵循零花钱怎么来、怎么看、怎么用的教学思路展开。教学策略和方法将以学生为主体，通过指导学生自主开展问卷调查、实际案例讨论分析、观念价值提炼、善用零花钱来开展教学活动。

（四）教学过程

1. 导入

教师请学生讲述自己零花钱是怎么来的。教师提取典型来源（课前了解并指导学生做好介绍准备）：收取压岁钱得到的；通过做家务换取零花钱；在假期开展社会实践，通过卖报纸来赚取零花钱。

2. 现场问卷调查活动教师给出一份有关零花钱的调查问卷，由各小组长组织在全班进行现场无记名问卷调查。问卷如下：

（1）你一天的零花钱大约是（　）

A．一元以下　　B．一元以上　　C．一元

（2）你的零花钱是怎么得来的？（　）

A．父母给的　　　B．自己向父母或长辈要的

C．压岁钱　　　　D．自己通过劳动赚的

（3）你的零花钱都用在哪里？（　）

A．文具　　　　　B．零食或玩具

C．上网或打游戏　　D．买课外书

（4）你认为自己的零花钱花得合理吗？（　）

A．合理　　B．不合理

（5）你有没有自己赚过零花钱？（　）

A．试过　　B．没试过

师生共同分析调查结果，重点关注零花钱的来源和使用情况。

3. 案例讨论教师根据课前了解本班同学的情况，整理如下零花钱案例（不记名），由学生分组讨论。

案例 1：小彤的父亲近来生意不好，给小彤的零花钱减少了一半，她因钱不够买心爱的飞机模型而埋怨家人。你怎么看？

案例 2：佳佳本周的零花钱还剩 10 元，她想买心爱的发卡，可是正好碰上学校组织的支援山区困难学校的小朋友爱心义捐活动。你若是她，你会怎么办？

案例 3：雯雯每天只有 5 元的零花钱，可当她看到班上有些同学有 10 元、20 元的零花钱，可随意买玩具和吃喝的时候，她觉得自己的零花钱太少，准备向家人争取更多零花钱。你怎么看待她的想法？

教师指引要点：案例 1 的指引要点是让学生明白父母的钱来之不易，零花钱是父母给我们的、必要的学习和生活的开支。若家里遇到了难处，我们要体谅父母，和父母共渡难关。千万不能因此和父母闹矛盾，产生对立情绪，因为父母已经很难受了，作为子女要为他们分忧，而不是只顾自己，给父母添堵。案例 2 的指引要点是让学生懂得爱心最美，分享为乐，帮助别人可以给自己带来美和快乐。自己的愿望有很多机会实现，帮助有困难的人应该及时。案例 3 的指引要点是不要盲目攀比，各家有各家的难处与安排。别人有，不代表"我"一定要有，要学会克制自己，珍惜自己已经拥有的东西。

4. 善用零花钱锦囊大集合让学生分组，开展如何善用零花钱的讨论，看谁想到的办法会得到更多人的赞同。

教师提前备案：做好零花钱使用计划；考虑购买东西的轻重缓急，分清主次；考虑自己或家里是否已经购买同类物品，不要浪费；按计划支出，做好零花钱使用记录；在一段时间内，反省零花钱使用是否得当，根据需要调整零花钱使用的方向和内容。

5. 制定零花钱使用计划

教师让学生制订个人零花钱使用小计划，并要求在家长签名后实施。

6. 小结

学生代表总结本课学习活动收获，教师重点提示学生对比以前对零花钱的态度和使用方法；教师提示学生学会珍惜所拥有的、体谅家人，懂得合理使用零花钱，避免攀比之心，避免随意花钱，避免金钱至上。

核心素养背景下
小学道德与法治教育研究

第二节 道德与法治的实践育人教学方法

参与式教学是《国家中长期教育改革和发展规划纲要（2010—2020年）》《教育部关于全面深化课程改革落实立德树人根本任务的意见》等教育政策文件倡导的教学方法之一，是"以人为本"理念的现代教学论演绎，也是新时代培养社会性、实践性、创新性人才的必然要求。道德与法治课程聚焦于中华优秀传统文化教育、革命传统教育、社会主义核心价值观教育、法治教育，具有鲜明的主体性、社会性、开放性、实践性等特征，是参与式教学最合适的施展平台。下面将从发掘参与式教学的思想内涵出发，探索参与式教学在道德与法治课程中的运用策略。

一、参与式教学思想再认识

参与式教学无论是从其诞生历史来看，还是从其实践效果来看，就一个新生事物来说，它是适应现代人才培养需要、现实经济社会发展需要的教育教学方法。但就现实情况来看，参与式教学的理论认知、课程教学实践都存在诸多歧义、争议和盲区，亟待深化研究、实践创新。

（一）参与式教学本真再认识

一般的看法是，参与式教学是一个典型的舶来品。它发端于教育领域之外，"是 20 世纪 50 年代英国社会学家在国际援助中提炼出的一套行之有效的社会学培训方法"[1]，作为教学方法，它"起源于 20 世纪 60 年代的英国……在 20 世纪 90 年代，参与式教学被引入中国"[2]。参与式教学自产生至今不过 60 多年，引入中国不到 40 年，可以说是个新事物。西方国家创造、应用参与式教学的基本背景是教师和书本作用的教育不能满足当时欧美产业革命的需要，本质上是对课程、课本、课堂教学方式方法及人才培养质量的革新。从参与式教学形成的源流及初衷来看，参与式教学的核心诉求并非针对学科课程知识体系的学习逻辑和学生的认知规律，而是源于对"书斋式"封闭的教育教学所培养的人才不适应经济社会发展需要的变革。从狭义来讲，参与式教学就是引导学生面向社会，而非埋头于课本，囿于课堂学习；从广义来讲，参与式教学是一种人本的、主体的、能动的学习，是一种以能力培养为主导的实践性学习。通过参与式教学激活学生的主体学习意识，培养实践和创新能力，增强学生的社会性，这是参与式教学的本真追求。这里有必要明确参与式与体验式、探究式教学方法的异同。这三种教学方法

---

[1] 孔龙，张鲜华. 参与式教学的国际借鉴与实施路径研究 [J]. 北京邮电大学学报（社会科学版），2015. 17(5):96.
[2] 刘洪深，王倩玉. 参与式教学在中国的研究现状与展望 [J]. 职业时空，2014,10(4)：61.

都强调学生的主体性、实践性学习，不同的是：参与式教学方法一般运用于学生可身体力行的现实生活主题教学，如学习主题、家庭生活主题、公共生活主题等；体验式教学一般运用于离学生现实生活较远的教学主题，如扮演律师、法官、历史人物，以及探讨南北方生活差异等；探究式教学一般针对未知、未解、未来生活或现象主题进行教学。

（二）参与式教学理论再认识

参与式教学对教育教学的理论贡献至少体现在三个方面。一是为学生主体性、个性化发展思想找到了更加有效的方法论平台。主体性、个性化教育是教育有史以来的追求，也是教育千年以来寻求解答的难题，参与式教学真正将学生置于主体地位，有利于发展学生的个性，激活学生学习的主动性。二是丰富和充实了"参与"作为一种教育教学新元素、新素养的内涵。"社会参与"是中国学生核心素养的三个构成方面之一，尽管其内涵主要是指人的社会性发展，强调社会责任和实践创新，但从核心素养的整体结构来看，"参与"与"文化""自主"共同构成当代教育教学的核心元素。同时，作为教育学意义的"参与"，本身具有行为训练、能力养成、创新品质等丰富的教育内涵，参与式教学是彰显"参与"教育学意义的最直接的实践路径。三是将育人规律从传统的尊重学生认知发展规律、尊重教育教学规律拓展至适应经济社会发展需要。长期以来，人们对育人规律认识的重点集中在学生认知成长规律方面，聚焦于学习内容的难与易、深与浅、先与后等层次关系的梳理上，这种认识的前提是教学内容具有既定性和确定性，教学过程和方式主要是对既定的、确定的教学内容进行有序分解、分层，以利于学生由浅入深、直线式、照本宣科地学习。毫无疑问，这种认识及其实践极大地提高了学生的学习效率，成为教学领域历久弥坚的模式和习惯。但同时，这种模式和习惯的弊端亦暴露无遗，那就是将学生捆绑于既定的、格式化的教学内容中，学生的学习在总体上是被动的、接受式的，学生学习的主体性、创新性被钳制，这显然与当代人才培养的要求相左，不适应当代创新性人才培养规律。参与式教学拓宽了传统教育教学的视野，使传统教育教学遵循经济社会的发展规律，"呼应经济社会发展要求和国家战略决策"成为教育教学方法的重要来源。

（三）参与式教学育人价值与实践再认识

既然参与式教学源于社会发展对教育的期冀，参与式教学的本质主要是培养能够满足社会需要的人才，那么考察参与式教学育人价值的重点就应放在教育教学与社会发展的关系上。这一点是参与式教学的独特视角，与一般的教育教学方法从知识学习逻辑、学生认知规律的角度考量迥然不同。这个区别同时决定了参与式教学育人价值的独到之处，即在培养能够适应社会需要，具有社会责任、实践能力和创新精神的人的方面有独特的作用。培养创新型人才是当代世界范围内人才培养的热门课题。就当前创新型人才培养的一般模式来看，无论是高等教育领域的科教融合、协同创新，还是职业教育领域的产教融合、工学结合，抑或是中小学领域流行的创客教育、STEAM 教育，它们的共同特点可归纳为三个关键词：跨界、参与、实践。这其中，跨界是学习的新内涵，这显然不是传统单一学科课程可以实现的；参与是学习的新方式，也显然不是传统课堂讲授可以替代的；实践是学习的新平台，是封闭的课程、课本、课堂无法比拟的。参与式教学着力培育学生的独立性、社会性、实践性、挑战性等品格，不仅为学生走向社会实践提供了方法指导，也为改革学校教育模式、课堂教学方式提供了有益的借鉴，是适应创新型人才培养规律的教学总思想、总策略。

二、道德与法治课程与参与式教学的多维契合点

道德与法治课程是新时代背景下义务教育课程改革的新亮点，在育人价值、性质特征、内容范畴、实践方法等方面与参与式教学有着广泛的契合点，是提升道德与法治课程实施质量的有效方法。

（一）育人价值的契合点

道德与法治课程的意识形态属性比较强，具有极其重要而特殊的育人功能。其育人价值突出表现为，通过中华优秀传统文化、法治等主题教育，由近及远、由浅入深，引导学生认识和践行社会主义核心价值观，做到"内化于心，外化于行"。一方面，道德与法治课程聚焦于中华优秀传统文化教育、革命

传统教育、法治教育、社会主义核心价值观教育，突出道德与法治两个基本规范教育，追求教育效果"内化于心，外化于行"，强调人的思想素质、道德品质、法治意识和社会行为的和谐统一，这种"知行合一"的价值追求也是参与式教学的基本价值诉求；另一方面，道德与法治本身具有社会性，是社会的两个基本行为规范对人们行为的共同要求，这就使得道德与法治教育具有鲜明的社会生活导向和实践行动导向，只有源于生活、用于生活，道德与法治教育才有生命活力。因此，道德与法治教育最有效的教育教学方式就是对生活体验、社会参与和行为训练的指导，这也是参与式教学方法的精髓。

（二）性质目标的契合点

品德与生活课程"以培养具有良好品德与行为习惯、乐于探究、热爱生活的儿童为目标"，具有生活性、活动性、综合性、开放性等特点；品德与社会课程"以学生生活为基础，以学生良好品德为核心，促进学生社会性发展"，具有综合性、实践性和开放性特点；《青少年法治教育大纲》在总体目标中强调"以社会主义核心价值观为引领，普及法治知识，养成守法意识，使青少年了解、掌握个人成长和参与社会生活必需的法律常识和制度，明晰行为规则，自觉遵法、守法"。从"两标一纲"对课程性质、特点及目标的表达来看，道德与法治课程追求有良好道德、社会意义、法治意识的生活教育，强调社会生活能力养成和正确行为导向，这与参与式教学"要求促使学生在科学文化素质、思想道德素质，以及心理素质等方面得到整体的提高"[1]的价值追求，以及注重"主体性、自觉性、选择性"[2]的特征相同。

（三）教材内容的契合点

小学《道德与法治》教材"由近及远地安排了六大生活领域，包括：我的健康成长、我的家庭生活、我们的学校生活、我们的社区与公共生活、我们的国家生活、我们共同的世界"。道德与法治教材的内容体系紧扣社会生活进行建构，充分表达了课程的社会生活属性。显然，社会生活教育是不能囿于课本和课堂的，走进社会生活应成为本课程重要的教学方法和路径选择，走进社会生活就意味着参与社会生活。在这个意义上，参与式教学不仅是本课程重要的教学方法，还是教学内容本身，这就为参与式教学提供了更加生动、更有内涵的施展空间。

（四）教学方法的契合点

道德与法治课程讲求教育教学活动的"生活化取材""知行合一"，"注重学习活动的引导，让学生参与进来……教师的教就是学习活动和学习过程的设计，组织、参与、引导"。《义务教育品德与生活课程标准（2011年版）》提出"通过引导儿童主动参与各类活动来进行教学，是本课程教学的一大特

---

[1] 钟有为，黄伟. "参与式"教学的理论依据和特点 [J]. 安徽教育学院学报，2007(4)：121.
[2] 于波，李秀双. 参与式教学的目标设计 [J]. 教师教育学报，2014(4)：111.

点"[1]，要求"切实调动儿童参与的积极性、主动性，让儿童尽可能多地体验成功感，增强自信心"[2]。《义务教育品德与社会课程标准（2011 年版）》也强调"课程设计与实施注重联系学生的生活实际，引导学生在实践中发现和提出问题，在丰富多样的社会活动中，逐步形成探究意识和创新精神"[3]。可见，"参与"是道德与法治课程教学的重要关键词之一。可以说，没有学生参与情景体验、生活感悟、社会实践、行为训练的道德与法治教学，是虚脱无力、缺乏实效的教学。

三、参与式教学在道德与法治教学中的运用例解

如何使参与式教学成为道德与法治课程的主要方法，并同时使得"参与"意识和能力成为该课程重要的教育内容呢？这里以教育部统编版《道德与法治》三年级下册第 9 课"生活离不开规则"为例，进行教学设计和分析。

---

[1] 中华人民共和国教育部. 品德与生活课程标准（2011 年版）[M]. 北京：北京师范大学出版社,2012：12.

[2] 中华人民共和国教育部. 义务教育品德与社会课程标准（2011 年版）[M]. 北京：北京师范大学出版社，2012：16.

[3] 中华人民共和国教育部. 义务教育品德与社会课程标准（2011 年版）[M]. 北京：北京师范大学出版社，2012：2.

（一）"生活离不开规则"教学设计

生活离不开规则
——为乡村孩子们设计的主体参与式教学课例

1. 教学理念

（1）生活德育理念

从学生经验和社会生活实际出发，引导学生认识规则的存在及其意义。

（2）主体德育理念

在引导学生找规则、体验规则的活动中，师生共同寻找、感悟正确的规则意识和行为方式。

（3）人本德育理念

尊重德育规律，运用启发式、参与式、探究式、行为示范与训练式等教学方法，充分考虑学生立场，引导学生遵守、尊重规则。

三个理念整体贯串政治思想、法治意识、社会参与、行为规范等道德与法治课程的核心素养教育要求。

2. 目标与背景

（1）目标

知道规则及其意义；懂得人人都要守规则；培养对规则的尊重意识；养成自觉守规则的习惯。

（2）重点、难点

重点是认识社会生活中的规则及其意义，培养自觉守规则的意识和能力；难点是培养尊重规则的意识和态度。

（3）背景

①教材分析

课文分为"生活处处有规则"和"守规则要自觉"两个部分，实际上就是两个课时的安排。从有规则到守规则，两个课时既是由浅入深、由知到行的学习阶梯建构，又显示其行为导向、实践运用的生活价值取向。

②社会背景

全面依法治国是新时代中国特色社会主义建设的重大战略布局，讲规矩、守纪律不仅是政治要求，而且也是对全民思想道德素质的普遍要求。培养小学生规则意识是国民素质培育的应有之义。

③学情分析

三年级小学生正处于自我意识迅速发育时期，萌发摆脱规则约束的冲动。在一般情况下，他们对规则的冲撞从课堂开始，从学习开始，从家庭生活开始。但这也正是进行规则教育的良机。

3．教学思路

本课教学总体形成由有规则，到守规则，再到尊重规则的螺旋递进的脉络。

（1）认识"处处有规则"是本课教学的起点，这个起点从学生的学习生活出发，逐步拓展至社会道德和国家法治层面。

（2）学习自觉守规则是重点，也是本课教学的支点，关乎本课教学的实效性。

（3）培养尊重规则的意识和态度是难点，也是本课教学高度的标志。要义是让学生初步形成"规则是维护社会良好秩序、呵护人们幸福生活的法宝"的基本共识。

4．教学方法

（1）教法

①案例教学

通过生活案例，如村规民约、班规校纪等，增强教学的生活性，促进学生的社会化发展。

②参与式教学

通过引导学生参与规则的制定和感受体验规则，强化学生的规则意识和行为训练，提高学生对规则意义的认识，增强学生遵守规则、尊重规则的自觉性和主动性。

（2）学法

①合作探究

小组合作探究是本课教学的主要学习方法，运用规则发现、体验、制定等活动。

②主体参与

引导学生通过观察发现、自定规则、表演体验等活动，全程参与学习活动，提高学生自主参与、学习、锻炼的积极性和主动性。

③行为训练

通过引导学生进行遵守规则、尊重规则的行为训练，增强本课教学的实效性。

5．教学过程

（1）第一课时：生活处处有规则（教材第58～61页）

①教学导入（5分钟）

开展老鹰抓小鸡游戏。

自定规则1：学生自定游戏人选产生的办法。

教师指引：提出制定规则的方法，指导学生自定规则活动。

制定规则指引：原则——大众参与、公平公正、民主决策、共同遵守；内容——人选、时限、要求或标准、奖惩办法；方法——提出方案、讨论商议、民主表决、遵照实施。

②主体活动（30分钟）

发现规则的意义（5分钟）：承接游戏活动，讨论游戏规则的作用。

教师提示关键词，如大家的约定、共同遵守、公平、秩序等，引导学生发现、提炼规则的意义。

找规则（6分钟）：学生4人小组自选"伙伴、学校、家庭、公共场所"任意领域，通过经验、观察来开展合作探究并进行展示。

自定规则2：学生自主商定合作分工、展示的规则。

写规则（6分钟）：聚焦社会生活规则，教师展示口哨、铃铛、标线等与规则有关的实物或图片，启发学生写出相应的社会规则，看谁写的规则多。

体验规则（8分钟）：让学生分组表演校园和公共场所规则小剧场，体验并对比有、无规则的生活，深化对规则积极意义的认识。

自定规则3：自定优秀表演团队的选拔规则。

拓展规则（5分钟）：播放视频"村规民约'约'出美丽乡村"新闻，师生共同提炼社会生活规则的现实意义；视频展示十九大报告"加强思想道德建设""深化依法治国实践"的内容，让学生感受社会道德和国家法治。

③活动小结（5分钟）

由个人代表发言、小组代表发言、教师总结三个部分组成，分别总结学习表现与收获。教师提出如何自觉守规则的问题，启示下节课学习内容。

自定规则4：自定推选个人、小组代表发言的规则。

（2）第二课时：自觉守规则（教材第62～63页）

①教学导入（5分钟）

模仿新闻视频，由学生主持"迟到的小学生，一个人的升旗礼"新闻播报，引导学生初步感受自觉守规则的行为，同时展示《中华人民共和国国旗法》（以下简称《国旗法》）相关内容。

自定规则 1：遴选主持人的规则。

②主体活动环节（30 分钟）

全班讨论（5 分钟）：承接导入，讨论小学生独自升国旗的行为体现了哪些美德。教师要特别提示尊重国旗、遵守《国旗法》等爱国主义行为。

情景演绎（9 分钟）：分组讨论教材中不守规则的三个情景，增加"快迟到了"情景。教师从不守规则的心理活动的角度进行提炼归纳，点明方便、从众、侥幸等不守规则的心理，同时拓展中华传统文化中的"慎独"。

行为训练（8 分钟）：组织学生开展自觉守规则行为训练，如在公交车上、在如厕时、在无人店里、在指示标志前、在带宠物时等。

自定规则 2：制定推选最佳表演者的规则。

配图续写（8 分钟）：有规则的美好生活畅想。教师给出选题，小组合作配图续写。例如，"每个人都爱护环境讲卫生，我们的村庄……""每个人都爱护野生动物，我们的家园……""每个人都尊重公共秩序，我们的生活……"

自定规则 3：制定择优展示交流的规则。

③活动小结（5 分钟）

由个人代表发言、小组代表发言、教师总结三个部分组成，分别总结学习表现与收获。教师总结自觉守规则的美好，指导学生制订自觉守规则的行动计划。

自定规则4：自定推选个人、小组代表的规则。

（二）"生活离不开规则"参与式教学设计的基本价值

"生活离不开规则"一课运用参与式教学设计，彰显了道德与法治课程的育人价值及其丰富内涵，使"参与"不仅成为本课的教学方式方法，还成为教学内容的有机组成部分。

（1）本课通过设计一系列主题活动，将参与式教学贯穿整个教学过程，引导学生在观察发现、合作交流、实践体验、行为训练等活动中，发现规则、探究规则、感悟规则，以及自觉遵守、尊重规则，凸显学生的主体地位，由近及远，由此及彼，从学生身边的学习和生活规则层面逐渐拓展至社会道德和国家法治层面，以有效达成道德与法治教育的有机统一、参与式教学价值与本课程价值的内在统一。

（2）本课2课时，共融入8个学生自定的规则，从而使规则不仅在学习中，更在实践中，有效深化规则教育的内涵及生活运用价值，以实际行动表达"学习即参与""参与即学习"的参与式教学思想，同时训练学生的"参与"意识和能力，使"参与"本身成为道德与法治课程的教学内容。

（3）本课教学设计聚焦于重大时事主题，及时融入党的十九大精神、乡村振兴行动、美丽乡村建设等题材，使道德与法治课程与时代主题联系密切，这本身也是一种参与，是道德与法治课程教学对现实社会生活的积极参与。

（4）通过参与式教学设计与实施，彰显参与式教学作为一种实践教学、行动教学的价值和魅力，进而从参与式教学推导出行动教学方法，较好地实现道德与法治课程对"内化于心，外化于行"的追求，确立了实践教学、行动教学在道德与法治课程教学中的重要地位。

第三节 启发式教学在道德与法治教学中的创新运用

启发式教学源于孔子"不愤不启,不悱不发;举一隅不以三隅反,则不复也"(《论语·述而》)的经典论述。从这个意义上讲,启发式教学属于中国教育智慧,而且源远流长,受用至今。那么,启发式教学沿用 2000 多年的要诀是什么?它适合现代的道德与法治课程教学吗?

一、启发式教学的思想精要

启发式不仅是一种教学方法,而且是一种教学思想。启发式教学思想经久不衰,常教常新,其要诀在于尊重学生,调动学习主动性。从现有史料来看,孔子的启发式教学实践主要集中在与学生对话中,集中于思想认识教育实践。我们来看看下面三则孔子的教学案例。

案例 1:《论语·学而》片段

子贡曰:"贫而无谄,富而无骄,何如?"

子曰:"可也。未若贫而乐,富而好礼者也。"

子贡曰:"《诗》云,'如切如磋,如琢如磨',其斯之谓与?"

子曰:"赐也,始可与言《诗》已矣,告诸往而知来者。"

翻译：

子贡说："贫穷而不逢迎谄媚，富有而不骄傲自大，怎么样？"孔子说："这算可以了。但是还不如贫穷却乐于道，富裕而好礼之人。"子贡说："《诗经》上说'切割、锉刻、雕琢、打磨'，就是讲的这个意思吧？"孔子说："赐呀，你能从我已经讲过的话中领会到我还没有说到的意思，我可以同你谈论《诗经》了。"

在这则案例中，孔子运用的启发式教学的要点有两个：一是通过与学生对话的方式，补充、提升学生的认识，这是启发式教学的常规思想；二是总结、发现学生的优点，也可以说是学习的增长点，给予学生充分的学习兴趣和自信心，这是启发式教学运用的更高境界。

案例2：《论语·八佾》

子夏问曰："'巧笑倩兮，美目盼兮，素以为绚兮'何谓也？"

子曰："绘事后素。"

曰："礼后乎？"

子曰："起予者商也！始可与言《诗》已矣。"

翻译：

子夏问孔子："'笑得真好看啊，美丽的眼睛真明亮啊，自然的打扮就是绚烂美丽啊。'这几句话是什么意思呢？"孔子说："这是说先有自然底色，绘画才更加好看。"子夏又问："这么说礼也是在有了仁德之心之后才产生的了？"孔子说："商，你真是能发挥我的思想，我现在可以同你讨论《诗经》了。"

这则案例同前述案例异曲同工，不同的是，尽管子夏的两个问题跳跃性很大，但孔子非但不予责备，反而从中发现子夏的优点和长处。这段对话教学，彰显了诲人不倦、教学相长、激励引导等启发式教学思想的魅力。

案例 3：《论语·宪问》。

子路问君子，

子曰："修己以敬。"

曰："如斯而已乎？"

曰："修己以安人。"

曰："如斯而已乎？"

曰："修己以安百姓。修己以安百姓，尧、舜其犹病诸！"

同样的问题，子路三问，孔子三答，非常典型地展示了孔子诲人不倦、循循善诱的启发式教学艺术。孔子的解答由己及人、由个体至社群，一次比一次提升，这显示启发式教学艺术的运用需要深厚的社会思想功底，没有这样的思想功底，循循善诱、层层拔节是没有根基、内涵支撑的。

由此可见，孔子启发式教学思想的精髓，不仅在于循循善诱、诲人不倦、教学相长、激励引导等方法技巧的运用，还在于教师必须有深厚的思想和文化底蕴，使启发式教学的运用富有内涵和成效。

二、道德与法治如何有效运用启发式教学

孔子的启发式教学主要运用于思想、观念教育，这对道德与法治教学有很好的启示和借鉴意义。在道德与法治教学中运用启发式教学，有如下三点值得我们深入思考。

（一）教师的思想厚度决定启发式教学的效度

如前所述，孔子启发式教学给了我们一个深刻的启示，就是任何教学方法都不是单纯的技术或技巧问题，也不仅仅是一种外在的教学形式问题，而是有深厚的教学思想和育人理念作为支撑的。启发式教学的思想精髓常常被一些人忽视，这是课堂教学不深入的主要原因。一些教学活动执意追求花样繁多的教学形式，缺乏对教学思想内涵的探究和思考，这是形成热热闹闹的课堂与空空荡荡的效果落差的深层次原因。可见，追求教学思想和育人价值的深度，是教学方法创新和发展的真正源泉，这一点可以说发人深省。道德与法治是一门对思想性、价值观教育要求极高的课程，它需要有极高的思想厚度、道德高度、价值精度和行为切实度，我们要求道德与法治教师有坚定的理想信念、正确的价值观、高尚的道德情操，特别要求能为人师表，以身作则，这些看起来高远，实则是最贴切不过的标准。比如，如果一个教师在日常生活中高高在上，对学生不理不睬，学生对其敬而远之，而他在课堂上要求学生平等待人，友好相处，谁会信呢？再比如，我们讲生态文明教育主题，如果教师平常都不爱护环境，乱扔垃圾，浪费水资源，办公室空调温度

常常调在 20 ℃以下，他教学生践行低碳生活，爱护生态环境，谁又会信呢？对于上述这种情况，即使教学信息化手段用得再多，活动体验再多，我们也想象不出课堂教学的深度和效率有多高。

（二）教师姿态越低，学生思考越深

在道德与法治教学中，如果教师把自己摆在说教者的位置，居高临下地教育学生，那么教师与学生心灵的距离就会越拉越大。反之，教师把自己放在和学生平等的位置，和学生一起成为道德与法治教育主题的探寻者、问道者，那么这就会激发学生主动思考、合作探究的兴趣和意愿。俗话说，娘勤女儿懒。放在教育教学上，教师包办得越多，学生的思考空间就越窄，当然，这里有一个"适度"的问题：教师的姿态低，并不代表教师水平低、不作为；相反，启发式教学要求教师做得更多、更勤，许多功夫都花在教学之前、课堂教学之外，如备课、资料准备、学法设计、学情分析等。而且就道德与法治教师而言，其精耕细作、备课准备、思考研究的领域范围十分宽广，教师不仅要熟悉国家德育方针政策、课程标准和教材，还要依据教材教学主题，广泛发掘和组织社会生活素材、时事重大主题，及时把握学生的思想和动态，掌握个性化的道德品质问题。这就是说，道德与法治教师要比一般学科教师忙碌得多，作为空间也大得多。当下流行的导学案、先学后教，就是启发式教学的现代发展。道德与法治先学后教，在很大程度上并不是针对

教材内容知识，而是针对与教材课文主题相关的时事主题、生活经验、素材题材、活动方案等的预先整理和准备，这一点是道德与法治课程与知识性学科课程最大的区别。可见，道德与法治教师教学姿态要低，不是因为教师引导不重要，而是因为教师思考的问题更多、责任更重、心思更加缜密。说到底，教师的低姿态就是为了保证学生的主体性，迎接学生真实的道德困惑，以达成真实德育、有效课堂的目的。同时，教师的低姿态有利于激发和发现学生的"愤""悱"状态。与学生的距离越近，点拨、提升的效果也就相对越好。

（三）促进学生社会化，教师必先社会化

道德与法治是一门社会性课程，促进学生社会性发展是道德与法治课程的重要育人价值，这就决定了这门课程不可能固定在课本、课堂里，它要求道德与法治教学必须与时俱进，紧密联系社会实际，与经济社会发展和时代重大主题密切衔接。教师的社会化对本课程教学十分重要，一个教师整天只低头看课本、埋头写教案，只盯着试题、分数不放，完全不了解社会变革，是很难胜任道德与法治教学的。曾经有一名道德与法治教师要外出参加一个培训学习，居然打电话问会议组织者"要不要带身份证""要不要带雨伞"之类的问题，而且问得更多的是"我们怎么去"的问题（意思是问从县城的家里到省城怎么走，而不是问到了省城之后怎么去会场）。不要小看这类问题，道德与法治教师首先应该是社会生活的积极适应者、参与者，

连出差都不会安排自己的生活，又如何教会学生生活、面向社会呢？学生是现实社会生活的一员，对社会生活有他们自己的观察眼光、理解思维和认识角度。启发式教学的重要功能就是引导学生学会正确观察社会、理解社会、适应社会，为将来参与社会、改造社会做准备。运用启发式教学促进学生的社会性发展，首先就是要引导学生学会观察社会生活中的道德与法治现象，引导学生将自己对道德与法治的认识、理解放到现实环境当中，而不是离群索居或两耳不闻窗外事，特别是在信息化网络环境中，要把学生从虚拟的、完全自我的环境中拉回现实生活，让学生逐步适应现实道德与法治生活。其次，要启发学生正视的道德与法治生活，坚信良法善德的正能量价值。真实的社会生活鱼龙混杂、良莠不齐，道德与法治课程的社会化教学的使命就是引导学生学会甄别并崇尚真善美，远离假丑恶，弘扬社会良知和正义。最后，道德与法治是一门思想性很强的课程，但思想若不付诸实践，就是空想，因此实践是道德与法治教学的重要目的导向。教师要积极引导学生的道德与法治实践，让学生感受道德的美好和法治的威严与公正，践行有道德的生活，懂得尊重法律、遵守法律、应用法律。

第四节 道德与法治的协同教学策略

　　道德与法治这门新课程面临着许多新领域、新课题、新难题。道德是传统的教学领域，一般教师或多或少是能把握基础和方向的。就法律教学而言，内容是具体的、规范的，只要用心也不难胜任。但法治首次出现在基础教育课程名称当中，法治怎么教？道德与法治连在一起又怎么教？这是我们必须认真面对、思考和探索的新问题。这里我们姑且不论道德教育主题，重点谈谈法治教育主题。

一、法治教育的内容主题及教学认知

　　对道德与法治教育中法治教育内容、主题的规定，其主要依据是品德与生活、品德与社会、思想品德课程标准的相关要求和《青少年法治教育大纲》的内容见表 3-1。

表 3-1　义务教育阶段法治教育内容主题分布表

学段	品德与生活、品德与社会和 思想品德课程内容标准	《青少年法治教育大纲》
一至二年级	**课程目标：** 培养具有良好品德和行为习惯的儿童。 初步了解有关祖国的知识。 **课程内容：** 使用玩具、设备进行活动时，遵守规则，注意安全。 认识常见的交通标志和安全标志，遵守交通规则。 爱护动植物，节约资源，为保护环境做力所能及的事。 尊敬国旗、国徽，学唱国歌。	认知国家象征及标志。初步建立国家、国籍、公民的概念，初步建立对家庭关系的法律认识。初步建立规则意识，初步理解遵守规则、公平竞争、规则公平的意义与要求。初步建立法律面前人人平等的观念，了解消防安全知识、基本交通规则，知晓常用公共服务电话。初步了解自然，爱护动植物，为节约资源、保护环境做力所能及的事。

续表

三至六年级	**课程目标：** 初步形成规则意识和民主、法治观念，崇尚公平与公正。 了解未成年人的基本权利和义务，懂得规则、法律对于保障每个人的权利和维护社会公共生活具有重要意义。 **课程内容：** 知道日常生活中有关安全的常识，有安全意识和基本的自护自救能力。 了解迷恋网络和电子游戏等不良嗜好的危害，抵制不健康的生活方式。 知道吸毒是违法行为，远离毒品，珍爱生命，过积极、健康的生活。 懂得邻里生活中要讲道德、守规则。 知道班级和学校中的有关规则，并感受集体生活中规则的作用，初步形成规则意识，遵守活动规则和学校纪律。 通过学校和班级等集体活动，体会民主、平等在学校生活中的现实意义。 具备初步的消费者自我保护意识。 自觉遵守交通法规，注意安全。 自觉遵守公共秩序，注意公共安全。 体会社会对老年人和残疾人等弱势人群的关怀。 了解在公共生活中存在不同的社会群体，各种群体享有同等的公民权利，应互相尊重，平等相待。 了解本地区生态环境，参加力所能及的环境保护活动，强化环境保护意识。 知道我国的地理位置、领土面积、海陆疆域、行政区划。 在有效获取信息的同时，增强对信息的辨别能力，遵守通信的基本礼貌和网络道德、法律规范，做到文明上网。 珍爱我国的文化遗产。 知道中国人民解放军是保卫祖国、维护和平的重要力量。 知道自己是中华人民共和国的公民，初步了解自己拥有的基本权利和义务。 知道我国颁布的与少年儿童有关的法律法规，学习运用法律保护自己，形成初步的民主与法律意识。 知道我国加入的一些国际组织和国际公约。	建立对宪法的法律地位和权威的初步认知。了解人民代表大会制度，初步认知主要国家机构、国家主权与领土，认知国防的意义，增强民族团结意识。 初步了解公民的基本权利和义务，简要认知重要民事权利，了解法律对未成年人的特定保护。初步理解权利行使规则，树立依法维权意识，树立有权利就有义务的观念，建立对校园欺凌行为的认知和防范意识。 了解制定规则要遵循一定的程序，进一步树立规则意识，遵守公共生活规则初步了解合同以及合同的履行，理解诚实守信和友善的价值与意义。 初步了解消费者权益保护、道路交通、环境保护、消防安全、禁毒、食品安全等生活常用法律的基本规则。 初步认知未成年人能够理解和常见的违法和犯罪行为及其危害和要承担的法律责任初步了解司法制度，了解法院、检察院、律师的功能与作用。 知道我国加入的一些重要国际组织和国际公约。

从以上法治教育相关内容可以看出，一至六年级法治教育起步于规则教育，着力于社会生活中常见、常用的规则和法律常识教育，并逐步提升到宪法和国家法治理念、意识教育，强调学法、知法、懂法、守法、尊法初步教育。规则教育是法治教育的基础，是小学中低学段法治教育的内容主体；日常生活中的法律常识、法治常识教育由小学低年级至高年级呈现渗透和专题课文相结合、相交错的布局特点；小学六年级开设法治教育专册教育，专册的内容聚焦于宪法教育。

那么，法治教育与法律教育有什么关系呢？有一点是十分清楚的，那就是法律教育是法治教育的内容主体，但不是法治教育的全部。法治教育更多的是从社会和国家治理的方式、角度，整体把握国家、政府和社会运行的法治原理、原则、制度、体系、程序等内容，法治与人治相对，体现了一种现代社会文明和政治文明。换一个角度来说，法治教育是一种基于法治思想和制度体系的政治文明教育，包括规则教育、法律教育、依法治国、依法行政、依法管理等。规则意识是法治的思想基础，规则包含了法治意识的诸多核心元素，如民主、平等、公平、公正、准则、程序、赏罚等。法律也是一种规则，只不过是由国家制定并通过强制力保障实施的社会行为规范；法律是法治的依据和内容主体，没有法律的法治是不存在的，没有法律的法治意识和精神教育也是不存在的；国家、政府、社会、公民是法治的作用对象。因此，法治教育不是学生学法、知法、守法、用法那么简单，而是让学生懂得法治国家、法治政府、法治社会建设整体布局和运行的原则、理念和制度体系。

规则与法治教育中还有一个被忽略、忽视，甚至有意回避的核心部分——法则。一讲到规则与法律，一个劲儿地讲规则与法治的神圣与可贵、如何遵守，但不遵守又会怎样呢？我们不管出于什么原因，对处罚教育噤若寒蝉，唯恐避之不及，这不是完整的、客观的规则和法治教育所求。《中华人民共和国教育法》明确规定学校及其他教育机构有"对受教育者进行学籍管理，实施奖励或者处分"的权利，这一规定表明处分学生的权限属于学校层面，教师个人在教育教学过程中是无权处理处罚学生事宜的。《中华人民共和国教师法》也没有赋予教师依法、依规处罚学生的任何权限，只有"指导学生的学习和发展""关心、爱护学生，尊重学生人格"等正面、积极的规范要求，这是对学生和教师在面对处罚学生问题时的双重法律保护。

即便如此，至少在我国现行的各级各类中小学生守则、管理办法中，对处罚学生的规定也十分谨慎，更没有细化的、具有可操作性的处罚意见和办法。这导致处分学生的法律规定最终无法落实到学校，学校处分学生缺乏上位规范和细则规定。注重正面引导教育、慎用处罚方式的用意是好的，但适度处罚规定的缺失不仅使各类学生管理办法和"守则"停留于说教层面，没有任何约束力，还导致学校和教师监管"无法可依"，造成对违反规定和"守则"的行为不敢管、也没法管的状况。这不仅不利于"守则"的完整落实，而且是对学生承担责任意识教育的缺失。

罚则是规则和法治教育不可缺失的内容，没有罚则的规则与法律形同废纸，没有罚则教育的规则与法治教育如同空话，罚则是规则与法治教育的核心部分。不仅如此，罚则教育还是人的社会化的重要内容，是自我管理、约束的硬防线，也是学生面对学习生活、面向未来的社会生活必须准备的心理素养。如果一个人从来没有受过罚则教育，缺失受罚意识、违规违法的代价意识，一旦受到处罚，就很难承受。当然，罚则教育与传统教育中教师恶意体罚、过度惩罚、随意处罚不是同一个概念，后者才是无法无天的教育。规则和法治教育中的罚则教育就是一种规则教育，是一种合法、合理的处罚，承受处罚也是一种责任意识教育。作为规则和法治教育中的罚则教育，其主要内容包括罚则的意义、依据、权威性、约束力、责任担当，以及接受处罚的态度、认识、心理等教育。

二、小学中低年段法治教育方法

小学高年级有法治教育专册和专门课文，初中法治教育主题相对集中，因此对小学高年级至初中教学而言，把握法治教育内容主题及教学策略和方法还是明确的。受中低年段小学生认知能力所限，法治教育内容在教材中体现得相对零散，许多法治意识和内容融入道德教育、生活教育、社会教育主题，这是许多教师对小学中低年段法治教育感到困惑的地方。为此，本书特别将此提出来进行分析。

为凸显小学中低年段法治教育，增强小学生法治意识教育，笔者试图在相关课文中采取提出法治教育点的方式，来明确法治教育在道德教育、生活教育、社会教育中的内容要求，使法治教育在道德与法治课程体系中由始至终地保持连贯。需要特别指出的是，在课文中提取道德教育点和法治教育点的做法，不是为了切割道德与法治教学，而是为了发掘隐含的法治教育主题，明晰法治教育的内容，促进法治教育全程融入课程体系及教学过程，使道德与法治课程及教学自始至终名副其实，进一步增强学生的法治意识。此法仅为课程初始阶段的权宜之计，目的是便于教师从过去单纯的小学德育课转向道德与法治课，理解并逐步适应小学法治教育主题，从而尽量弥补教师法治教育的短板，逐步形成法治教育的自觉意识和教学习惯。

第四章 道德与法治教学中的爱国主义教育

第一节 爱国主义教育概念内涵及其新特征

一、爱国主义的概念

（一）爱国主义的概念辨析

我国有许多爱国题材的文学作品，通过观赏和学习，人们可以感受到作者深深的爱国情怀，并激起对祖国的热爱；我国的法律也规定了人民需要维护祖国的名誉和安全；许多艺术品也都传递出强烈的爱国情感。无论是哪种艺术手法，都可以让人们感受到祖国团结统一的家国情怀，国家保护公民，公民维护国家，国家与人民荣辱与共。

随着时代的不断变化，爱国的方式也在发生转变，所做出的实际行动也都具有时代特征。需要用发展的眼光来看待国家的发展，爱国主义的形成是个复杂的过程，不同人对爱国主义内涵的理解是不同的，但是每个人都有自己爱护国家的具体行为。

青少年形成爱国意识是需要教师对其进行正确引导的，教师需要为学生设计爱国课程，以多种方式来提升学生的爱国意识。爱国情感是学生人格形成所需要的重要情感之一，只有具有爱国情感的学生，才可以在今后参与社会生活时，具有社会责任感、国家认同感，这样的教育可以使学生的人格健全，让学生的身心健康发展。

（二）爱国主义与爱国主义教育的联系与区别

应当运用科学、合理的观点来看待爱国主义，爱国主义最早是国外提出的概念，经过文化传播的方式传入我国，人们开始对爱国主义有初步的认知。在此之前，我国只有"爱国情怀"这一概念，并且这个概念是从古代就已产生并一直流传下来的。在爱国主义进入中国以后，许多学者对这二者之间的关系进行梳理，发现二者之间既存在着共性，又存在不同点。二者都体现了人民对于祖国深刻的热爱和拥护，将家国意识深深根植于我们每个人的心中。只有共同维护国家的利益与个人利益，才可以使国家长远、稳定地发展。但二者之间也存在着不同点，爱国情怀是一种本能的情感，不需要过多的引导或学习，就一直留存于心，每个人都对自己的祖国有着很深厚的感情，在国家遇到威胁时，都会将国家利益放在个人利益之前，坚定不移地维护国家。世界上任何一个国家的公民都有着本能的爱国情怀。爱国情怀是形成爱国主义的先决条件，只有具备爱国情怀的人，才可以更加深刻地理解爱国主义。爱国主义也正是爱国情怀的体现，爱国主义的深入研究可以使人的爱国情怀得到更好的提升，二者之间相辅相成、共同促进。但是爱国主义需要深入探索、研究才可以了解其中的奥秘，是比爱国情怀更为复杂的一种情感。想要更好地掌握爱国主义的真正内涵，就需要对二者之间的关系进行把握，找到其内在关系的联系，明确二者之间的区别，充分考虑各种影响因素对其情感形成的促进作用。

（三）当代中国新的历史条件科学认识爱国主义教育的特征

国家中的每个个体都应当有爱国意识，并热爱党和社会，将爱国情怀作为最高的情感表现，合理协调国家利益和个人利益之间的关系，不做损害国家声誉和利益的事情。

在我国的发展历程中，爱国主义不仅是国家意识的体现，更是个人道德素养的体现，只有矢志不渝地对社会主义道路进行探索，并维护国家利益，才可以使自身的素养得到有效提升。每个公民都应该有强烈的社会责任感和国家认同感，坚定不移地维护国家名誉，坚决不做损害国家利益的事。国家应当处理好与人民之间的友好关系，保障公民的合法权益，使公民受到国家的保护。国家和人民共同努力，构建和谐的社会。

二、新时代青少年爱国主义思想

无论时代如何发展，爱国主义是永恒不变的主题。每个公民都应当有一颗赤子之心，只有团结统一，才可以使我国得到更长远、稳定的发展。也只有国家和人民上下一心，才可以使国家更加强大。国家强大了，人民的生活也会变得更好。国家和人民的利益有着密切的关系。只有不断开拓自己的视野、不断推陈出新、不断进行探索，才可以成为新时代的有志青年，为祖国创造更加辉煌的明天。坚定发展爱国主义，可以使我国人民的思想素养得到更高层次的发展。

我国一直以来都将爱国主义作为时代发展的主旋律，并使民族精神通过爱国主义建设工程得到更好的传递，人民都将自己浓厚的爱国主义情怀作为自己思想道德情感的一部分。国家对爱国主义工程的建设也花费了大量心血，希望通过培养人民的爱国主义使中华民族得以兴旺发展。

国家在对爱国主义进行构建时也使民族意识得到了更好的发展，使人民和国家之间形成更加和谐、友好的关系。不断进行民族精神的建设，可以使人们的爱国情怀得到更好的发展，使民族在对抗困难时有更加坚定的力量。民族生命力的兴旺与人们的爱国情怀有着不可分割的关系，只要一直坚定不移地进行爱国主义探索，国家就会更加繁荣，人民的生活水平就会得到更好的提升。

爱国主义不是大、空的概念，而是可以通过我们生活中的一件件小事体现出来的，每个人都可以运用自己的方式来保护和支持祖国。在快速发展的当今社会，我们更应该坚定不移地发展爱国主义，将个人的利益发展紧紧与祖国的命脉联系在一起。祖国的每个个体都是国家重要的一部分。我们应当以国家兴旺为荣誉，以国家受损为耻辱，将个人情感和国家发展紧紧联系在一起；站在国家的角度去看待问题，不断学习提升自身的能力，更好地回报社会和祖国；了解其他国家的优秀文化，使中华文化得到更好的发展；学习其他国家的长处，结合我国的国情，使中华文化更加长远、稳定地发展。

我们应该把爱国主义教育融入对人民全部的教育过程中，对爱国主义教育进行持续的扩充和更新，利用各种各样的教学途径和方法，将新型技术合理、科学地运用于教学途径和方法，以提高教育水平和成果。我们可以将我国历年来取得的重大成就加入爱国主义建设，同时扩宽教育的方式、方法和途径，还可以通过开展各种以爱国为主题的特色活动。在对小学生进行教育的过程中，我们一定要将我国的发展方向和奋斗方向与爱国主义教育相结合，让小学生深入了解爱国主义，更加具有爱国主义情感，使这些处在特殊年龄阶段，需要进行正确价值观、世界观、人生观的引导的青少年能够在更加坚定热爱祖国的信念的同时努力学习，在之后的社会主义建设中贡献自己的力量。

第二节 道德与法治教学中爱国主义教育现状

一、学生对道德与法治课的认知现状

从古至今，我国的教育都极其重视思想道德的培养，先立德再树人。当今社会呈现出和平、安稳的景象，这都得益于法治，社会有法律的维护才可以有条不紊地运行。但是，我国当今学生缺少对法治重要性的认知，相关的调研人员针对学生对法制重要性的认知进行调查发现：一小部分学生认为法治教育比专业课程更加重要；一半的学生认为二者同等重要；一小部分学生认为法治教育用处不大。

二、学生对爱国主义教育认知现状

爱国主义是一个民族有凝聚力的体现，是人们在成长过程中逐渐形成的对国家的认同感和归属感。人们生活在社会环境中，时刻都可以感受到国家对我们的保护，也可以感受到国家运用法律的手段来维护我们的合法权益。这些事情所带给人们的真实切身感受，让人们在心中燃起了激昂的爱国之情。

对学生进行爱国情怀的调查，结果显示：三分之一的学生还未形成浓烈的爱国情怀，认为自身对祖国的热爱程度一般；二分之一的学生对国家有着深深的热爱，对民族充满自豪感。

这说明对学生进行法治教育是非常必要的，只有让学生具备完善的法治意识，学生才可以感受到国家法律的完善，国家可以为我们的人身带来保障，才可以使学生对自己的民族有认同感和自信心。爱国情怀对学生的健康发展有着重要的影响，也对我们民族的团结起着重要的作用。

三、道德与法治课堂教学现状

道德与法治课堂是爱国主义教育的重要阵地，而教师是爱国主义教育教学工作的承担者，对推进爱国主义教育工作、提高爱国主义教学质量和培养学生的爱国情怀具有关键性的作用。

大部分学生认为培养道德修养和法律意识的课程是非常有必要的，对健康发展有益。学生认为这门课程的设置是必要的，主要原因是学生更喜欢课本上真实、有趣的故事情节，并被图画形式的绘本所吸引。

四、爱国主义教育活动形式现状

小学生正处于成长期，没有形成完善的人格，对世界的认知还很模糊，这时教师更应该对学生进行正确的价值观引导，让学生的身心可以健康地发展。教师可以开展一些爱国主题的活动，使学生逐渐形成爱国精神，这有利于学生做出更多有益于社会发展、国家发展的事情，对学生自身的人格塑造有着重要的影响。

　　调查数据表明，绝大部分学生认为爱国教育是非常必要的，对提升自身的道德素养有积极的影响，并且大部分学生很期待学校开展各种形式的爱国主题活动，也愿意积极参与。

第三节 道德与法治教育教学中加强爱国主义教育的基本路径

一、增强现代化建设成就教育，坚定学生的民族自信心

民族自信心是一种对祖国和未来充满信心的积极情感，是建立在对本民族的发展能力和伟大力量有充分认识的基础上的。自改革开放以来，我国进入社会主义现代化建设的新时代，经济发展呈现前所未有的态势，社会面貌发生了翻天覆地的变化，我国的综合国力日益增强，国际地位日益提高，中国在国际政治舞台上的地位也日益提高。中国成功加入世界贸易组织，载人航天系列飞船成功发射，中国在高铁等基础设施建设方面走在世界前列，这些都让人们看到了民族的希望、祖国的未来，增强了人们的民族自信心。

中央电视台推出的纪录电影《厉害了，我的国》浓缩了中国的飞速发展：中国桥、中国路、中国车、中国港、中国网，一个个非凡的超级工程，引领崭新的强国时代；一幅幅家国画卷，则讲述着每一个平凡人的努力。全世界最大的基本医疗保障网；173项扶贫政策；人类历史上最大的射电望远镜FAST；

高速公路网总里程世界第一……拥有灿烂历史和悠久文化的中华民族饱经风雨，如今以昂扬的姿态，向世界展现着自己的风采。该片通过不一样的视觉角度，让我们感受伟大祖国的巨大变革，也让我们深切地感受到近年来祖国在经济、政治、文化、社会建设等方面取得的举世瞩目的成就。

二、开展历史与现代国情教育，启发学生的民族自豪感

民族自尊心是指尊重本民族、反对外来歧视和欺侮的心理素质。它以维护民族尊严和民族利益为核心，坚持各民族平等，坚决反对种族歧视和外族压迫，是世界各民族特别是弱小民族和经济文化不发达的民族自强自卫的思想基础。用历史教育学生，能使他们知我中华、爱我中华、兴我中华，特别是中共党史和革命传统的教育，可以使学生了解中国共产党为了民族解放、国家富强和人民幸福而英勇奋斗的崇高精神和光辉业绩，以及为建设有中国特色的社会主义而进行的伟大实践。

中国的近现代史可以说是一部爱国运动史，是爱国主义教育的生动教材。要警醒学生，国家进步的关键在于青年一代的奋发图强，在于他们的民族气节和爱国情怀。我们要引导学生认真思考人生理想，将个人的命运和祖国、民族的命运相结合，强化爱国情感和报国之志，促使学生为祖国的强盛而发奋学习。

三、加强民族传统文化教育，增强学生的民族认同感

民族认同感是指一个民族的成员自觉属于某一民族共同体，以及民族成员之间相互认为属于相同的民族共同体的归属感。在它的作用下，民族内部具有向心力、内聚力和互助性。在学生爱国主义教育中，我们应重视中华民族优秀传统文化的感召力量，有意识地让学生深刻把握中华民族的优秀传统文化，唤起学生对中华民族的认同感和归属感，进而增强学生的爱国意识。我国是一个具有千年文明的古国，有着丰富的传统文化，而这正是我们进行爱国主义教育的重要内容和基本素材。随着经济全球化的不断深入，世界文化相互渗透。面对这种复杂的局面，加强对中国传统文化的研究就显得尤为重要。在新的历史条件下，继承和发扬传统文化中的优秀遗产，将有助于增强民族凝聚力和奋斗精神，有助于中华民族素质的提高，有助于学生了解中国文化并喜欢中国文化，以达到爱国主义的目的。我们要不断深化对中国传统文化的教育和宣传，挖掘其精华，提高全民族的自信心和凝聚力，扩大中华文化在国际上的影响力和感召力。我们可以组织学生对中华民族的传统文化进行系统的理解和学习，帮助他们了解国家的起源历史、先民的风土人情、语言文字的起源和发展过程、中华民族的思维特征，激发学生的民族文化认同感。

第五章 道德与法治课程 教学评价探索

第一节 道德与法治课程的特殊性及评价原理

一、道德与法治课程的特殊性

道德与法治课程是有关学生生活能力、社会性发展、良好行为习惯养成及其人文综合素质和思想品德培养的综合性课程，与一般以科学知识为主体的课程相比，在教学目标定位、教学对象认知、教学内容选择、教学方法技巧运用等方面，有其显著的特殊性，这种特殊性决定其评价目的、价值、手段、方法的与众不同。

本课程在教学目标设定、教学对象认知、教学内容选择、教学方法技巧等方面的特殊性决定了其教学评价的特殊，决定了本课程评价不可能照搬既定的教科书，不可能定制统一的标尺来衡量学生社会性、差异性的发展，更不可能对发展变化中的人格与道德养成用十分明晰的分数来鉴定，甚至采用等级鉴定方法都会招来非议。个性化、发展性、过程性、整体性、行为性评价是本课程评价策略和评价机制建构的不二选择，但这样一来，本课程的评价就不具备一般意义上评价的"标尺"和甄别价值，评价的约束力、引导力、效力的软弱乏力和模糊性反过来制约了本课程的实施，直接削弱了本课程的目标和价值。这也正是本课程有效评价模式和机制难产的现实困境。

二、评价目的

由于道德与法治课程尚无统一的课程标准，依据是"两标一纲"，这里仍旧依据《义务教育品德与生活课程标准（2011年版）》《青少年法治教育大纲》等相关规定进行阐述。在教学总目标上，品德与生活课程"旨在培养具有良好品德和行为习惯、乐于探究、热爱生活的儿童"，品德与社会课程"旨在培养学生的良好品德，促进学生的社会性发展，为学生认识社会、参与社会、适应社会，成为具有爱心、责任心、良好行为习惯和个性品质的公民奠定基础"。《青少年法治教育大纲》提出的总目标是"以社会主义核心价值观为引领，普及法治知识，养成守法意识，使青少年了解、掌握个人成长和参与社会生活必需的法律常识和制度、明晰行为规则，自觉尊法、守法；规范行为习惯，培育法治观念，增强青少年依法规范自身行为、分辨是非、运用法律方法维护自身权益、通过法律途径参与国家和社会生活的意识和能力；践行法治理念，树立法治信仰，引导青少年参与法治实践，形成对社会主义法治道路的价值认同、制度认同，成为社会主义法治的忠实崇尚者、自觉遵守者、坚定捍卫者"。在评价目的定位上，《义务教育品德与生活课程标准（2011年版）》强调为了激励儿童发展，不断改进教学，提高育人质量。《义务教育品德与生活课程标准（2011年版）》将评价目的定义为"激励每个儿童的发展，促进每个儿童的品德发展与生活能力提升"，这样就将评价的重点确定为儿童品德和个性修养的个性化、多样化发展。显然，道德与法治课程评价目的直指人的发展，"人的道德与社会性发展"是评价内容主体。由于人的道德与社会性发展具有反复性、内生性、个性化等特点，统一性评价并不适合本课程。与一般知识性课程相比，本课程的教育教学目标不在于使学生能掌握、识记多少价值观、社会规范和生活常识，而在于他们价值观的内化程度、社会规范的践行状态和生活常识的运用状况。因此，在评价目标导向上，本课程以学生道德、法治意识和行为的动态发展为对象，以激励、引导他们形成良好的道德和行为习惯，奠基初步的人文知识素养，促进其良性社会发展为评价目标。这就使得本课程评价必须与一般知识性学科评价以掌握学科知识内容体系为主要目标、注重知识内容体系的阶梯性、阶段性鉴定等特点完全区别开来，另辟蹊径，探索符合学生道德与社会性发展的评价机制和策略。

三、评价依据

教学对象的实际状况是我们选择评价策略的重要依据。道德与法治意识和行为习惯发展评价更应关注学生的个性心理特征及其成长环境，使评价更具有针对性和积极性。在教学对象的认知上，人的道德与法治意识和行为习惯发展的复杂性是本课程实施与评鉴的认知原点。一个人的道德与法治意识和行为习惯发展进程十分复杂：一方面，道德与法治意识和行为习惯受制于家庭环境的影响，更广泛受制于同伴、区域文化乃至国情和世界变化的影响；另一方面，道德与法治意识和行为习惯的养成、价值观倾向并非如其他知识性学科那样基本是一张白纸，而是已经打上了家庭、个体生活经历、区域社会习俗、文化等的烙印，本课程的目的就是力图使这种烙印朝着良性、正向的方面发展。由此，学校、课程、教科书的影响只有在深度融汇个体的人格特征、家庭、社区、国情和世界变化诸要素的背景下才能更好地发挥引导作用。教学对象的道德与法治意识和行为习惯发展的特点，决定了本课程教学评价必须放置于丰富、鲜活的社会生活领域，必须充分考虑教学对象已有的道德体验、生活经验和文化底蕴，必须综合考察教学对象学习表现与生活表现之间的联系，而不能从教条出发，从而探索、建立认知和操行相统一、综合性和简约性相统一、显性表现和隐性品质相统一的多元、开放、整体性的评价机制和方式。

基于本课程内容的综合性、生活性、实践性、开放性，以及课程内容呈现的原则性、理念性、观念性等特点，本课程教学评价要尽可能将抽象的课程内容转换为学生具体的道德行为习惯和社会体验行动，并以学生的行为表现所反映的课程内容要求作为评价的内容。这一点也是本课程与一般知识性课程在评价内容方面最大的区别，表明本课程的内容不是静止的、固化的、教条的知识，而是动态的、个性化的、内化生成的品德行为习惯和社会性发展状态。这就要求本课程的评价在内容选择上，必须跳出认知、记忆等书面、表象化的评价方式，及时跟踪学生的日常行为表现并加以评价；必须转变终结性、甄别性的评价价值取向，寻找常规的、发展性的、过程性的评价策略和机制。

四、教师评价

教学方法技巧是教师教育教学理念、思想及其对课程价值把握的直观反映，直接影响学生的习得，因而是教师实施课程教学最直观的评价视点。我国自古就总结出教学相长的教育原理，这一原理特别适合本课程的教学评价。教师在教学活动中与学生共同成长是本课程的又一特殊性，本课程的教学活动评价不仅具有教师评价意义，也从另一个方面反映儿童道德与法治意识和行为习惯发展的状况。因此，评价教师教学技能和过程应该与评价学生的学习策略和效果在教育价值上高度统一起来。《义务教育品德与生活课程标准（2011年版）》明确强调"把了解儿童作为教学的基础""以活动为教与学的基本形式"；《义务教育品德与社会课程标准（2011年版）》也强调"创设多样化情境""拓展教学时空""有效组织适宜的教学活动"等。由此可见，活动教学、实践教学、体验教学等是本课程教学的主要形式，这与一般知识性、技能性学科传统的"讲、练、记、用"的教学模式迥然不同。有专家总结出本课程教师教学的"激、启、发、疏"四要点和学生学习的"学、问、做、赏"四法则，这体现了本课程教学活动的一般规律和技法。但教师教学活动评价显然不能简单停留在活动形式上，而是要深入关注贯穿教学活动中的教学思想、德育理念、人生观、价值观、世界观，特别是要关注其与学生道德发展需要、社会生活需要、情感需要等的关联度，关注其对学生道德与法治意识和行为习惯发展的教育成效。

第二节 道德与法治课程教学评价的内容与方法

在评价价值取向上，道德与法治均强调评价的过程性、激励性、发展性、开放性、整体性等原则。但由于评价目标的发展性、评价内容的不确定性和不稳定性、评价方法的软性化，课程标准对评价的建议仅仅停留于理想设计层面，离实际操作距离尚远。

一、评价主要内容

《义务教育品德与生活课程标准（2011年版）》评价内容主要有三个方面：第一，"把单元主题与儿童的个性特点结合起来"，要求教师在评价儿童学习的时候，既要关注所有儿童都要达到的共同目标，又要关注不同儿童对该主题的独特表现和各自不同的优势；第二，"既关注目标及内容的整体性，又有所侧重、突出重点"，要求教师在确定一个主题学习的评价目标时，既要关注目标的整体性，又要避免平均主义，要根据主题的性质和特点突出重点目标；第三，"把预设目标和活动的生成性结合起来"，要求教师既应关注活动的既定目标，又不应拘泥于此，应充分重视活动的生成性和儿童的实际表现，把预设与生成结合起来。《义务教育品德与社会课程标准（2011

年版）》的评价内容主要包括学习态度、学习能力和方法、学习结果三个方面。其中，"学习态度"包括学生在学习过程中主动参与和完成学习任务的态度；"学习能力和方法"包括学生在学习中观察、探究、思考、表达、收集、整理、分析资料的能力和方法，与他人合作完成学习任务的能力等；"学习结果"，即完成学习任务的质量和进步程度。这两门课程的评价内容紧扣"人的道德与社会性发展"，并以态度、方法、能力、进步程度为主要评价标尺。评价内容标尺的抽象化、软性等特征，使得本课程教学评价因难以产生如知识性学科"高下立现"的效果而具有甄别性和发展点，但同时也为本课程教学评价提供了创新的空间。

二、评价总体方法

评价目的和方法的特殊性决定了本课程评价方法的特殊性。《义务教育品德与生活课程标准（2011年版）》列举的评价方法主要有：观察、访谈、问卷、成长资料袋评价、儿童作品分析等；《义务教育品德与社会课程标准（2011年版）》列举了观察记录、描述性评语、达成水平评价、作品评价、学生自评与互评等。其中，除"达成水平评价"建议"按照本标准的基本要求，以学年及单元的知识与技能目标为基准，通过纸笔测验、考试等方式进行评价"之外，其他评价方法基本都属于抽象的质性评价，而且即便是具有量化特征的"达成性水平评价"，课程标准也特别强调"本课程不排除纸笔测试方式，但反对考查死记硬背的知识或刻意追求难度，以及将学生的品德用卷面成绩衡量的做法"。这显示课程标准本身对本课程评价的软性化、低约束力也暂无良策。尽管如此，问卷、成长记录袋、作品分析等评价方法的引入，似乎让本课程评价有了具体的抓手，但由于整体评价过程的烦琐、不稳定性、不确定性等特征，本课程评价难以落在实处，难以发挥效果。

三、课堂教学评价

（一）课堂教学评价要旨

课堂教学评价的意义在于指引教师全面理解本课程的教育目标和价值，采用适合本课程性质和特点的教学方法，创新教学方法和手段，提高教学实效。

首先，在评价目标上，本课程突出学生道德与社会性发展的目标，不刻意追求如知识性课程那样对知识的理解、识记。由于本课程教师大都兼职语文、数学、英语等课程教学，习惯采用以知识点为目标、以分数为评价标尺的考试考核方式，如何实现由直观、量化、可感的"知识性"考试考核转向抽象、质性、过程性的道德与社会性发展评价，首要的是解决对课程的认知、对儿童道德与社会性发展规律的认识和把握问题。

其次，在评价内容上，道德与社会知识点不是本课程评价的主要内容，学生道德与法治意识和行为习惯发展的过程状态、进步程度、稳定程度、内化程度等才是本课程评价的主题。围绕这个评价主题，课堂教学评价的关注点在于教师对学生道德与法治意识和行为习惯发展的了解程度，教学内容与学生道德和社会性发展状态的吻合、匹配程度，以及教师教学指引的正向性、针对性、个性化等，特别强调教学材料整合、引用能否贴近学生、贴近生活、贴近社会，这也是本课程教育目标和价值的综合反映。

最后，在评价策略和方法上，本课程教学评价突出师生、生生的互动，突出课堂体验和实践互动，突出学生参与、行动的广度与有效性，突出引领和解决学生道德与社会性发展困境的有效性。这"四个突出"在于体现本课程的生活性、活动性、开放性、实践性等特征，在于体现教师对学生道德与社会性发展的关注程度，而不在于体现对课本知识、道德原理解读的准确性。鉴于此，教师教学的情感状态、与学生对话交流的状态、教师对学生个性发展的把握状态等，是本课程教师教学评价特殊的关注点。

课堂教学评价的特殊意义有四点。其一，在评价对象上，本课程教学评价的对象是学生发展，而非知识系统。这一特点决定了课堂上学生的状态是本课程教学评价的主体参照系。其二，在评价主导思想和内容上，教师示范、引领、指导的正向性，即是否符合社会主义核心价值观教育要求，是否体现民族优秀传统文化价值取向，是否具有鲜明的时代特征，是否满足学生未来发展、终身发展的需要等，是评价内容的重要坐标。其三，在教学效果评价上，教学达成学生情感激发、体验内化、行为转化等程度状态，是本课程教学效果的直观衡量标尺。其四，由于本课程教学指向道德与社会性发展，而这一内容处于动态的、不断发展的状态，其中包括教师本身在教学过程中的道德与社会性发展，而且这一发展是与学生共同启发、发展的。因此，教师能否在在与学生互动的过程中共同发展，即传统教学所指的"教学相长"，是本课程教学评价的重要参考指标。在一定意义上，本课程教学评价不仅针对教师，而且针对师生共同发展；不仅评价教师的教学，同时也评价学生的学习。

（二）本课程课堂教学评价的具体策略

　　基于本课程评价的基本原理，本课程课堂教学评价的主要策略由质性评价和量化评价两个部分组成。质性评价注重教学过程的整体状态、效果；量化评价则侧重具体教学行为、效果、状态。见表5-1。

表5-1　道德与法治课堂教学质性评价

地市学校		执教者		年级班级	
课题				评课者	
项目	指　标			得　分	
教学目标（10分）	符合课标要求，注重多维目标的整合。（6分） 符合学生实际，目标具体，有针对性。（4分）				

续 表

教学内容过程（50分）	教学思维：逻辑性强、教学环节设计合理、链接有序。（10分） 教学内容：科学准确、主题鲜明、选材得当、贴近儿童生活经验、符合儿童认知心理。容量适度、主次分明。（10分） 教学方式方法：体现兴趣激发、示范引领、行为训练、情感烘托、知识技能领会、品德内化等基本法则。体现生活性、活动性、开放性特点，并合理使用现代教育技术手段。（10分） 教学评价：适时中肯、善用鼓励、有利于调动全体学生积极参与。个性化评价与全体发展相得益彰。（10分） 学生发展：兴趣浓厚、思维活跃、有感悟、能质疑问难、有探究发现、各层次学生均学有所得。（10分）	
教学基本素养（15分）	教学理念以学生为本，生活性、开放性与综合性统一协调。（5分） 教态有亲和力、观点正确、言语生动、有感染力（3分） 能创造性地使用教材、开发和利用课程资源。（4分） 能有效捕捉生成教育资源、及时呼应学生的反应、体现教育机制。（3分）	

教学特色 与创新 （10分）	在教学方法、教学语言、情感激发、知识广泛性运用、活动设计与组织、 教材内容整合等方面有独到之处。（5分） 在情感沟通、教学组织、资源开发运用、社会、生活感悟、行为引导等方面有创意。（5分）	
教学综合 评价 （15分）	过程性分段目标实现效果好。（4分） 总目标达成建立在分段目标基础之上，效果明显。（8分） 目标达成效果表达有艺术性，有利于持续驱动学生的品德行为和社会性良好发展。（3分）	
综合得分	简要点评	

第三节 学校德育类评价的经验与启示

一、融入综合评价体系的学生思想道德评价

综合性评价中的思想品德评价虽然不能完全归结为品德与生活、品德与社会课程实施评价，但在本课程评价"三无"状态下，这种评价所涉及的学生思想、道德、个性、人际交往等评价，与本课程实施有天然的联系，这无疑是与本课程实施关联度最高的评价。综合性评价中的思想品德评价历经多年的实践，有许多重要改进和创新。多数评价内容既有思想性、概念性、理念性的表达，又有具体行为要求，且评价设计尽可能适应儿童的认知能力和兴趣特点，起到了较好的引导和促进作用，应该说是符合我国传统文化、符合我国国情的评价系统。但这种评价的问题依然不少，如一些高、大、空的评价内容依然存在，这些内容在现实执行中多数流于形式；有关现代人必备的品德和社会性发展要素比较欠缺，如民主平等意识、社会参与意识、责任意识等，特别是对个体的尊重、发展等评价内容表达不鲜明、不充分，即评价内容要求学生做得多，但要求彼此之间的行为约束、人对"我"行为支持的要求等不充分，致使缺乏行为内驱力；评价也不能完全反映品德与生活、品德与社会课程

实施的成果，如道德领域内容不完整、学生初步人文素养教育成果缺乏反馈等。虽然评价在行为指引和实操层面改进不少，但关注学生对社会、他人有益的道德行为多，忽视了学生对自身成长的关注和关心。

二、超越学科边界的评语评价

评语评价历史悠久，是学校、班级对学生以道德品质为核心的综合性评价方式，也是本课程评价的重要形式。这种评价表面上看虽超越了本学科的边界，其内容包括了对学生的学习生活态度、行为习惯、道德品质等的描述性评价，但本课程实施的主体是班主任，实施的方法不仅是课程学习，还包括与课程教学相关联的德育教育、班队活动、专题教育、社会实践等方面，因此在这个意义上，我们将评语评价纳入本课程学生学习发展评价是合理的。尽管评语评价的内容是品德综合课程的基本范畴，但这种评价往往作为学校或班级教育的综合评价，其与学生的德育课程学习没有直接的、显性的关联度，本课程的实施价值完全被掩埋。而且，这种评价局限于激励性、发展性的评价诉求，完全没有甄别价值和优劣之分，约束力极其低下，一般不会引起学生太多的关注，有时甚至会被忽略。但不管怎样，针对性强、实事求是的评语评价对促进学生良好道德的形成、健康人格的养成和社会性的良性发展仍然起到了积极的影响作用。

评语评价示例：

你是一个积极、乐观、开朗的孩子，你的快乐感染了与你一起生活的小伙伴，因此大家都喜欢接近你。你当生活委员很辛苦，老师和同学感谢你。老师还喜欢你课堂上聚精会神的神态，喜欢你字正腔圆的朗读，更喜欢你运动时顽强拼搏的英姿，要是你多看书、勤练笔，你的写作能力会提高得更快，愿意试试吗？你虽是班级内个子最小的学生，但你为同学所做的事情确实最多。课间休息，你那小小的身影常常穿梭于课桌之间，帮人排忧解难……你是教师的小助手，班级的好干部。

你是一个天真可爱的孩子，有较强的自尊心和上进心，集体荣誉感强。尊敬老师，喜欢帮助老师做事，与同学相处和睦，不计较个人得失，懂得谦让。爱劳动，能吃苦耐劳。诚实勇敢，积极参加体育锻炼。学习认真，上课积极举手，大胆发言，回答问题声音响亮。老师希望你以后在书写方面多下功夫，养成做事有始有终的好习惯！

从上面示例的评语评价可以看出，尽管优秀的评语评价一般包括了德、智、体、美等方面的发展状况，但主题还是集中在学生的人格养成、道德发展、人际交往、学习态度与能力等方面，这与品德与生活、品德与社会课程的教育价值基本是一致的。好的评语表述富有激情和感召力，能使学生对号入座，并积极寻求进步。当然，好的评价需要教师对学生成长的长期关注、悉心教育和真切希望。这样的评价虽无显性的甄别性，但也能打动学生，并正确、有效地引导学生，起到评价的效果。从实践发展的方向来看，评语评价的方法如果能进一步与课程教学相结合，进一步明确融入德育课程体系，那么对本课程实施的效度将大有裨益。这一点是本课程评价的重要改革方向、重要改革路径之一。

三、少先队"雏鹰争章"评价模式的启示

在儿童道德与综合人文素质评价领域，少先队多年实践的"雏鹰争章"评价模式有独到之处。这种评价模式相对简约、明晰，注重行为评价，激励性强，其对道德与法治课程评价有很好的启发和借鉴意义。

基本目标：

（1）让少年儿童了解中国少年先锋队，加入中国少年先锋队。培养友爱互助的良好品德。

（2）让少年儿童了解中国少年先锋队的创立者和领导者是中国共产党，增强少先队员的光荣感。开展感恩教育，培养文明、孝顺等良好品德。

（3）让少先队员通过"手拉手"互助活动，结识不同区域、民族的小伙伴，体验互助的快乐。培养少先队员自护、自救的能力。

主要工作：

（1）入队前教育，发展新队员。开展"手拉手关爱小伙伴"

活动。

（2）巩固队的基本知识，引导少先队员建立队组织。培养独立处理自己事务的能力。组织开展"争当现代小公民""红领巾理财小能手"等活动。

（3）开展"手拉手"等专题教育活动。

第六章 道德与法治课程
教师专业发展与教学

第一节 道德与法治课程教师的专业发展

道德与法治教育教学既是培养青少年儿童思想政治素质、道德品质、法治意识及行为习惯的奠基工程，也是社会主义精神文明建设和公民道德建设的基础工程。提高道德与法治课程教学质量的关键是建设一支理想信念坚定、道德素质优良、专业基础扎实、勇于担当、善于创新的教师队伍。它要求道德与法治教师的专业发展既要有基于课标、教材、教学的课程意义发展，又要着眼于国家意识形态属性教育、大政方针、重大时事主题、公民道德建设、国民文明素质教育等德育工作的格局和视野。在一定意义上，道德与法治教师要有更高的思想政治觉悟、更开阔的社会生活视野、更厚重的育人责任担当。

一、道德与法治教师专业发展现状与问题

（一）小学德育课程教师队伍建设的基础

经过 21 世纪基础教育课程改革的洗礼，德育课程教师的专业发展取得了显著的成绩：德育教师的思想政治素质进一步提升，密切联系党和国家的方针，注重培养和践行社会主义核心价值观的自觉意识普遍增强；以人为本的德育理念深入人心，注重学生的个性发展，注重适应学生成长需要的意识普遍形成；生活德育理念成为德育教师的广泛共识，密切联系社会生活实际，注重培养社会需要的人才的意识日益浓厚；德育课程教学模式和方法不断创新，启发式、参与式、讨论式、体验式、探究式等教学方法得到广泛运用，德育课程教学实效不断提升。

（二）小学德育课程教师队伍建设面临的问题

德育课程师资队伍建设面临的实际问题不容忽视，需要予以重视并进一步完善。相较而言，小学德育师资队伍建设问题尤为突出，以其为例，具体分析如下。

（1）小学德育教师队伍不稳定的现象突出。小学德育教师多数是多学科兼职，加之德育课程教学评价偏弱、偏软，德育课程教学没有很大压力，学校安排德育课程教师的随意性大，变动频繁，这就导致德育课程教师队伍不稳定。

德育课程教师的不稳定不仅影响德育课程教师的专业发展，而且直接影响德育课程的教学质量，这也是德育课程开设随意的主要原因。更为严重的是，在一些学校的课表上，德育

课程安排得严谨有序，而实际的德育课程开设则偷梁换柱，至于压缩德育课程教学课时、让位应考科目教学的现象更是普遍存在。小学德育师资队伍不稳定的状况在很大程度上是学校重视德育课程不够的结果，是学校教育的大局意识、以人为本意识不足的表现。当下，国家统编道德与法治教材，赋予了德育课程更加重要的育人使命，要确保本课程的有效实施，就必须从抓好师资队伍的稳定性建设着手，明确规范学校德育课程师资建设要求。例如，鉴于教师编制的局限性，可以尝试建立以专职为主干、以兼职为主体的专兼职相结合的"双主"师资队伍体系，明确专职德育教师的编制数量，创建专职教师带动、引领兼职教师专业发展模式，确保本课程师资队伍的相对稳定，保证本课程依法、依规、依标实施。

（2）小学德育师资不专业现象普遍存在。小学德育教师绝大多数为其他学科教师兼任或学校行政教师兼任，这一点本无可非议，但如果不专业，问题就比较严重了。承担小学德育课程教学任务的兼职教师的来源主要是语文、英语等学科，也有不少来源于数学、体育、艺术、科学等学科。兼职本身不是问题，问题在于这些教师完全没有德育课程教学的学习背景、经历，专业培训比较零碎，缺乏系统性，这样一来，德育课程教学兼职就成为外行行为、"打酱油"行为，自然而然地就将德育课程摆在了副科、可有可无的位置上。

小学德育师资不专业的原因比较复杂，其源头是师资培养体系中小学德育课程教师专业的缺失，师范教育中虽有思想政治教育专业，但这个专业主要在高等师范院校开设，培养对象为中学及以上学校的政治课教师，这些思想政治专业的学生鲜有到小学任教的。近年来，在一线城市及发达地区，小学教师入门的学历要求达到高等师范院校本科甚至研究生学历，但即便如此，高等师范院校思想政治专业学生很少受小学欢迎，姑且不说高等师范院校思想政治专业培养的学生是否适合担任小学德育课程教师，许多小学宁愿超过语文、数学、英语学科编制人数要求招聘，也不愿接受思想政治专业的毕业生，个中原因不言自明。由此，许多小学德育课教师往往是边教边学，在实践中学习，这就拖慢了对小学德育课的适应、熟悉、深入、把握过程。如果随意变动教师的教学岗位和学科，对小学德育课的发展而言，教师就更没有底气了，特别是在小学德育课程变更为道德与法治之后，法治教育对于中学教师都是一个难题，小学教师更是难以把握。一些地方已布局和开展中小学教师法治教育专项培训工作，此为明智之举、负责之举，但如何使中小学教师的法治教育扎实有效，并从师资培养的源头上解决问题，需要各方面统筹解决。基于上述状况和原因，笔者建议建立针对小学德育综合课教师的培养培训体系，明确小学引进德育课教师的指标数量，至少每个年级要有一名专职德育课教师，引领小学德育课教师的专业化导向，逐步稳定、发展小学德育课的专业教学体系，不负国家对小学德育课程的厚望。

二、道德与法治教师专业素质构成

要想促进道德与法治教师的专业发展，就必先明确道德与法治教师的专业素养构成，对这方面的研究还显得十分短缺。与德育课程教师变相边缘化形成鲜明反差的是，德育课程对教师提出了更加独特、高素质、宽领域、多方面的要求。笔者以为，道德与法治教师的专业素质构成至少包括思想政治素养、道德修养、法治素养、社会参与素养、信息化素养、教学活动组织能力六个方面。

（一）思想政治素养

思想政治素养是对所有教师的要求，居于教师素质的首要地位。对道德与法治课程教师而言，思想政治素养是首要的，是专业素养的必要组成部分。《中共中央国务院关于全面深化新时代教师队伍建设改革的意见》对教师的思想政治素养做出明确规定，要求"加强理想信念教育，深入学习领会习近平新时代中国特色社会主义思想，引导教师树立正确的历史观、民族观、国家观、文化观，坚定中国特色社会主义道路自信、理论自信、制度自信、文化自信。引导教师准确理解和把握社会主义核心价值观的深刻内涵，增强价值判断、选择、塑造能力，带头践行社会主义核心价值观：引导广大教师充分认识中国教育辉煌成就，扎根中国大地，办好中国教育"。这一规定既是对全体教师的要求，更是对道德与法治教师的突出要求。

良好的思想政治素养要求道德与法治教师要有民族、国家、经济社会、世界变革等开阔的视野，使德育课程教学突破狭隘的课本、考纲、试题范畴，充分体现民族、国家和人民的整体利益，充分反映经济社会发展变革大势，引导学生在更开阔的视野开展学习活动；要求道德与法治教师更加深刻地理解和把握课程教学内容，整体理解和把握课程与六大领域的关系，全面理解和把握个性品质养成与社会性发展、家国情怀培育的关系，深刻理解和把握理论与实践的关系，引领人生正确方向，支撑学生终身发展；要求道德与法治课程教师坚持人本立场与社会立场、民族立场、国家立场的有机统一，引导学生将个体发展融入社会进步、民族发展、国家发展的整体价值之中。总而言之，道德与法治教师的思想政治素养直接体现了教学的基本立场、政治站位和教学导向，决定了教学视野的宽度、教学内容的深度和教学质量的高度。

（二）道德修养

道德修养是道德与法治教师的基本要求，也是专业发展要求本身。《中共中央国务院关于全面深化新时代教师队伍建设改革的意见》对师德修养做出总体规范，要求"引导广大教师以德立身、以德立学、以德施教、以德育德，坚持教书与育人相统、言传与身教相统一、潜心问道与关注社会相统一、学术自由与学术规范相统一，争做'四有'好教师，全心全意做学生锤炼品格、学习知识、创新思维、奉献祖国的引路人"。这是对全体教师的要求，对道德与法治教师更有着特殊的意义。

首先，道德修养水平反映了教师的道德认知和体验状态，直接关系到对道德与法治课程内涵的理解程度和把握程度；其次，教师的日常道德行为表现直接影响学生的道德认知和行为表现，陶行知先生讲的"德高为师，身正为范"，人们常说的"身体力行""言传身教"，就是这个道理，在一定意义上，教师的道德修养和行为表现是最生动的道德与法治教育；最后，教师道德修养决定了道德与法治课程教学态度和方式，道德与法治教学的落脚点是对人思想、品格、行为习惯等的教育，它不接受冷冰冰、硬邦邦的道德知识教育，而需要以心交心、以情动情的情感教育，需要循循善诱的启发教育，需要诲人不倦的耐心教育，需要有教无类的公心教育。因此，教师的道德修养影响着教师对教学方法的选择和运用。

（三）法治素养

法治素养是对新时代中国公民的普遍素质要求，是对道德与法治教师的专业新要求，是领会和把握课程核心内涵的基本要求。党的十九大报告提出："全面依法治国是中国特色社会主义的本质要求和重要保障。必须把党的领导贯彻落实到依法治国全过程和各方面，坚定不移走中国特色社会主义法治道路，完善以宪法为核心的中国特色社会主义法律体系，建设中国特色社会主义法治体系，建设社会主义法治国家，发展中国特色社会主义法治理论，坚持依法治国、依法执政、依法行政共同推进，坚持法治国家、法治政府、法治社会一体建设，坚持依法治国和以德治国相结合，依法治国和依规治党有机统一，深化司法体制改革，提高全民族法治素养和道德素质。"这段论述全面而深刻地阐释了法治与新时代中国特色社会主义建设、全民族法治素养、道德素质的关系，以及对其的重大意义。

道德与法治是义务教育阶段学生法治素养和道德素质培育的奠基工程，关系着一代又一代公民的整体素质，关系着全面依法治国方略深入、持久的实施。道德与法治教师理应成为中国特色社会主义法治素养培育的先行者和最高要求者、践行者。作为摆在道德与法治教师面前的全新的法治教育，提高教师的法治素养是当务之急。重点是增强宪法意识，理解宪法具有最高的法律地位、法律权威、法律效力的深刻意义，培育尊崇宪法、学习宪法、遵守宪法、维护宪法、运用宪法的自觉意识；加强中国特色社会主义法治理论、法治政策、司法制度、法律体系、法治思维、法治方式的学习，培育良好的法治意识、法治精神和法治生活习惯；加强学习研究和实践，把中国特色社会主义的法治理论、思想和制度、方式融入道德与法治课程教学，不断探索和创新道德与法治教育的新方法、新模式，提高道德与法治课程的育人效果。

（四）社会参与素养

社会参与素养是对现代公民文明素质的要求，也是中国学生核心素养的三大组成部分之一，还是实现中国特色社会主义民主，建设共建共治共享社会治理格局的使命要求。在互联网时代，公众参与成为新时代公民文明素质培育不可回避、不可忽视的重大课题。道德与法治课程具有鲜明的社会性，强调道德与法治的社会生活实践，因此道德与法治课程是培育学生社会参与意识、素养和能力的重要渠道和阵地。

课程标准和大纲对培育学生的社会参与意识和能力有明确的要求和指引。《义务教育品德与生活课程标准（2011 年版）》要求"引导儿童在体验自身生活和参与社会生活的过程中，学会热爱生活、创造生活"，认为"儿童的发展是其怀着对生活的热爱，通过参与丰富多彩的生活实践，与外部环境积极互动而逐步实现的"；《义务教育品德与社会课程标准（2011 年版）》要求"注重联系学生的生活实际，引导学生在实践中发现和提出问题，在亲身参与丰富多样的社会活动中，逐步形成探究意识和创新精神"，主张"家庭、学校、社区、国家、世界是学生不断扩展的生活领域。社会环境、社会活动、社会关系是存在于这些领域中的几个主要因素。学生的品德与社会性发展是在逐步扩展的生活领域中，通过与各种要素的交互作用实现的"；《义务教育思想品德课程标准（2011 年版）》提出，课程的任务是"引领学生了解社会、参与公共生活、珍爱生命、感悟人生，逐步形成基本的是非、善恶和美丑观念，过积极健康的生活，做负责任的公民"，并具体要求"逐步掌握交往与沟通的技能，学习参与社会公共生活的方法……积极参与公共生活、公益活动，自觉爱护公共设施，遵守公共秩序，有为他人、为社会服务的精神"等；《青少年法治教育大纲》要求"引导、支持学生自主制定规则、公约等，逐步培养学生参与群体生活、自主管理、民主协商的能力，养成按规则办事的习惯，引导学生在学校生活的实践中感受法治力量，培养法治观念。具备条件的，要积极支持学生组建法治兴趣小组、法治实践社团等，加以正确引导，使学生以适当方式研究法治问题、参与法治实践"。

在道德与法治课程中培育学生的社会参与意识，总体上要求教育教学活动保持与现实社会全接触的姿态，有效拓宽道德与法治课程的教学时空，引导学生在社会生活中养成道德、践行法治，这就要求道德与法治教师必须首先是社会参与意识、方法和能力的垂范者。就道德与法治课程而言，社会参与素养包括社会关注、社会现象和社会问题的交流表达，以及社会实践等意识和行为。社会参与的内容至少包括参与社会公益活动，如志愿者活动、扶贫济困行动、环保组织活动等；参与文化活动，如参与节假日活动，传统民俗、习俗学习与表演，文体活动交流等；参与政治启蒙，如关注新闻和国家时事政治、参与重大政治题材的宣传活动、开展模拟听证会、模拟法庭活动等。

教师要适应和胜任道德与法治课程的社会参与教育，就应主动学习社会参与的理论、思想，积极关注社会参与重大时事题材，有条件的可以亲身体验社会参与实践，深刻把握社会参与素养的内涵和能力要素，通过多种方式积累社会生活素材，并将其运用于道德与法治课程的教学实践。

（五）信息化素养

尽管品德与生活、品德与社会课程标准均未对教师的信息化素养及信息化教学提出明确要求，但信息化素养是公民在互联网时代必备的素质。促进学科课程教学与信息技术的深度融合是对当代课程教学的普遍要求，道德与法治课程也不例外。

（六）教学活动组织能力

道德与法治是一门社会性、生活性、实践性的课程，特别强调实践体验和社会参与，其教育教学活动的形式丰富多样，这就要求教师不仅具有理解课程标准和教材的能力，更要具有实践活动的组织策划能力，因此教学活动组织能力是道德与法治课程教师教学专业能力的特殊之处。

道德与法治教师的教学能力有许多方面，但下面几个方面的要求是独特的。

（1）课程教材的校本化能力国家教材是通过专门严格审定的，都是符合国家政策法规要求的，但是没有哪一本教科书是适合所有学校和学生的，教材与学生个性化之间的距离是客观存在的。作为人格、道德品质、行为习惯发展教育的道德与法治教材更是如此，所谓千人千面，说的就是这个道理。因此，教材的校本化加工、整理能力就显得十分重要，成为道德与法治教师必不可少的基本功。校本化加工不是摆脱教材，恰恰相反，而是要忠实于教材的思想内容体系和核心价值，合理融入区域、学校和学生的实际情况，以增强教学的直观感受性，使道德与法治教学向社会实践转化。

（2）在教学逻辑思维的梳理与表现能力方面，活动性、社会性教材教学不像知识性学科那样知识体系完整、逻辑层次分明，教学思维和逻辑往往容易被教学中生成的偶发事件、学生活动的不可控性冲淡。因此，如何在活动性、实践性、社会性教学中显示清晰的教学思维和逻辑，确保达成教学活动的目的，实现教学活动的价值，是道德与法治教师教学基本能力的重要方面。要保持道德与法治教学思维和逻辑的清晰度，就要做到教学准备充足、教学阶梯适当、教学空间适宜、教学活动可控，不要指望一节课就能表现许多道德或法治教学主题，只有循序渐进、有步骤、有范畴的主题教学才是有效的，有逻辑的、可调控的教学是教师教学智慧的体现。

（3）在问题发现与解决能力方面，我们常见到，一节道德与法治课，学生从头到尾没有任何疑问，一味地呼应教师。对于这种情况，我们只能说要么教师教得太好，所有学生都能立即理解教师的教学；要么教师和学生都在配合默契、心照不宣地表演，心思根本不在教学主题的理解上。前者的可能性几乎不存在，这不过是知识性教学质量标准的反映，即以学生掌握教师讲解知识的程度为标准，要是多数学生不理解教师的讲解，问题就大了。这就只剩下第二种可能，道德教育本身具有行为的反复性、理解的个性化和发展的递进性，不可能一节课所有人对同样的观点都能取得共识。就这点来看，课堂上学生反馈越多、问题越多，课堂就越真实。可以说，道德与法治课堂教学质量，不取决于学生的共识性，而取决于学生发现道德与法治问题的数量和问题解决的效果。因此，没有问题的道德与法治课堂是伪课堂、假教学，发现问题、解决问题是判断道德与法治课堂教学效果的基本标尺，发现问题、解决问题的能力是道德与法治教师重要的教学能力。

（4）教学的社会化能力道德与法治教学的主要目的不是识记道德和法治概念知识，更重要的、根本的目的是社会生活中道德与法治行为的转化，这就要求道德与法治教师必须有促进学生学习的社会化能力。社会化能力有两层含义：一是教师教学要与社会密切相关，充分体现道德与法治的社会存在特性，而不是课本里的道德与法治；二是道德与法治教学要有利于学生认识和适应社会，促进学生在社会生活实践中将所学到的知识转化为生活行为习惯。

三、道德与法治教师专业素质发展的主要途径

应对道德与法治教师的专业素质构成，其专业发展的主要途径包括个体发展、校本研修、专项培训、研究提升等方面。

（一）个体发展

个体发展是道德与法治教师专业成长的根本途径，是一种

内在修为方式。与一般知识性学科课程不同，道德与法治教师的个体发展不限于知识学习，更多的是教师的社会性发展，如生活经验积累、社会现象观察、社会实践参与等，后者十分重要。这就要求教师将道德与法治专业修养与日常社会生活和实践挂钩，敏锐捕捉对道德与法治有教育意义的生活题材，加工并运用于道德与法治课程教学实践。儿童的道德发展离不开生活，教师要寓道德于生活，使道德教育根植于儿童的生活，就不妨先把自己的生活和道德与法治连接起来，把自己的生活放在道德与法治层面去考虑。这里有一个真实的、有趣的案例，是笔者在与教师闲聊的时候听到的，当时觉得这个案例就是道德与法治教育的经典案例。一位道德与法治教师开车停在路口等红灯，后面紧跟一辆救护车，鸣笛声响个不停。教师想：如果上面是紧急待救的病人可怎么办，她也了解普通车辆要礼让专用车辆的规定。于是，她未等红灯转绿灯，就果断冲过红灯靠边停下，让救护车通行。哪知她冲红灯的过程被路口的摄像头拍到，于是处罚单来了，她要接受冲红灯的处罚。尽管她历经周折才免于处罚，但遵守道德规范做好事却带来烦恼是客观的，有意思的是，这位教师给我讲起这个案例时丝毫没有将其和道德与法治课程挂钩，而且当时正在开展道德与法治培训。这个案例是道德与法治在生活中发生冲突的典型案例，或者说是一个两难案例，颇耐人寻味，有思考价值、育人价值，而且是现身说法。当然，这是一个特例，相信日常生活中道德与法治带给我们正面的思考一定很多，稍加留心，就是很好的个人修养和专业发展题材。

（二）校本研修

校本研修是道德与法治教师专业发展的常规途径，主要针对课程教学具体内容和方法。从基本概念上理解，校本研修是以学校乃至学科组为基层组织，以解决教师所面临的教学实际困难和问题为核心内容，以提高教师教育教学实践能力为宗旨，融教育教学思想理念、教学实践、教育科研、教师发展为一体的研究与学习模式。它主要通过发挥学科组集体智慧和作用，有目的、有计划、有组织、有针对性地开展道德与法治课程与教学研讨，致力于解决课程教学的具体问题。在通常情况下，校本研修围绕主题，结合实践，面向教学实际问题展开，从而确定教学计划、方案、课题、活动组织等。当下，通过名师工作室带动、凝聚教师开展校本研修是一个新途径、新方式，通过打造名师团队，这种方式有利于学校开展更加精准、专业的校本研修。当然，和道德与法治教师专业素质相应，校本研修的内容既要基于课程教材教学，还应当有和道德与法治课程相关的国家政策、时事题材、经济社会发展重大事件的学习内容、研究内容，也应当更多地研究和道德与法治相关的教师社会生活及体验、学生生活实际案例等，这是道德与法治校本研修应当特别注意的内容领域。

（三）专项培训

专项培训是道德与法治教师专业成长的专门渠道，也是正式培训方式，专项培训一般由教育主管部门、人事部门组织。需要特别指出的是，专项培训既然称之为专项，那就不能是走过场、随随便便拿一些老套的教育学、心理学应付了事，应有加强规划的针对性、系统性和衔接性。培训对象的规划一般分为新教师培训、青年教师培训、骨干教师培训、名师培训等，这些培训层次分明、内容系统，相对比较成熟。培训内容的规划包括找准教师发展点、确定培训对象、任务要求、内容和方法等，对道德与法治教师而言，培训内容规划应聚焦于理论知识短板和教学策略方法短板，特别是教师的时事政治学习、法治教育、实践活动方式教育，应作为专项培训内容规划的重点。培训内容规划需要以调查为基础，不能是培训规划人员在办公室闭门造车。培训内容与教师需要脱节的问题一直被诟病，主要原因是前期调查研究基础不扎实。从培训方式方法规划来看，道德与法治教师培训应有更多实践元素，正如《中共中央国务院关于全面深化新时代教师队伍建设改革的意见》所指出的那样，要"创新教师思想政治工作方式方法，开辟思想政治教育新阵地，利用思想政治教育新载体，强化教师社会实践参与，推动教师充分了解党情、国情、社情、民情，增强思想政治工作的针对性和实效性"。

（四）研究提升

研究提升是教师专业的高端发展之路，是教学思想理论与实践结合、转化的必要途径。研究提升包括专门课题研究、论文写作等，对于一线教师而言，主要的不是思考建构宏大道德与法治理论问题，不要一讲生活德育，一群人都来研究生活德育。研究不能赶时髦，应沉下去，找准定位，坚守自己的研究主题和路径，这样的研究才个性化、有创造性，有利于教师专业发展和教学个性风格的形成。

第二节 道德与法治课程教学研究的视野与策略

一、道德与法治研究的视野

道德与法治研究的视野既要立足课程标准、法治教育大纲和教材等文本文件的要求，如对课程教材整体体系的研究、各个领域主题的教学研究等，更要着眼于学生发展、社会发展、民族精神教育、国家意志培育等教育目的性导向需要。总体来看，道德与法治研究主要包括课程教材、儿童立场、社会生活、中国国情、世界意识等方面的教育教学研究。

（一）课程教材的研究视野

课程标准、教育大纲是道德与法治教学的依据，教材则是课程标准、教育大纲的重要载体，研究课程标准、教育大纲和教材是把握本课程教学的基础和前提。研究课程教材重点要有"链接"思维，即研究课程标准、教育大纲与教材内容体系的"链接"关系，研究如何让教材在体现和表达课程标准、教育大纲方面做到思想人本化、观念行为化、主题生活化，这样的研究有利于教师更好地理解和把握教材传递课程标准和教育大纲的意图及方法；研究教材与学生实际及社会生活现实的"链接"关系，这就是所谓教材的校本化研究，这样的研究可以丰富教材的内容，赋予教材以鲜活的生命力。

（二）儿童立场的研究视野

儿童立场的研究视野是"以人为本"思想的具体运用，研究对象不仅包括儿童道德与法治立场观点和行为表现现状，还包括形成这些现状的原因、教学策略方法、观念和行为改善评估方法。儿童立场的研究有个案研究和群体样本研究两种基本方法。个案研究就是针对不同个体的道德与法治意识和行为表现进行持续的跟踪研究，从中提取具有普遍规律的教育教学方法，形成针对具体问题的教学技能，如不良行为纠偏方法、纪律散漫行为矫正方法、学生社会参与指导方法等；群体研究针对某类型学生进行专门研究，以发现某类学生群体共同的问题和教育教学策略，如小学高年级男生学习问题研究、城乡接合部学生行为偏差研究、一年级新生的适应性研究等，并将其应用于道德与法治课程教学，为相应群体、环境和条件的道德与法治教学提供借鉴。

（三）社会生活的研究视野

道德与法治教学不局限于课本课堂，其研究同样不能局限于课本课堂，社会生活是道德与法治研究的重要视野。研究社会生活的作用主要包括丰富教学资源、联结社会生活、促进学生的社会性发展等。就目前的情况来看，这方面研究集中在丰富教学资源方面，这使得课堂教学内容更加丰富，更具有生活性，这是道德与法治课程教学的进步。但后两者的研究明显不足，这表明教师的着眼点仍局限在课堂，还远没有达到课程标准所倡导的社会化教学要求，远没有将道德与法治教学根植于生活中。用社会生活素材题材进行教学与在社会生活中教学是迥然不同的，在社会生活中教学包括组织学生参与社会实践、学生行为习惯的社会生活记录与反馈，以及与学校、社区开展的德育活动紧密驳接等。研究社会生活还包括如何发现、提取和道德与法治教学主题关联的生活素材、题材，使道德与法治课程教学与时俱进，与社会进步同步。

（四）中国情怀的研究视野

这个视野主要是研究国家意志的表达和中国文化的传承路径与方法，这是道德与法治课程的重要教育使命，是新时代需要凸显和强化的研究主题，有利于深化学生的国家认同感，凝聚民族情感，增强中国特色社会主义的道路自信、理论自信、制度自信和文化自信。国家意志研究重点要突出爱党、爱国、爱人民，研究社会主义核心价值观教育、以德治国与依法治国方略、"两个一百年"奋斗目标、中华民族伟大复兴的中国梦等在道德与法治课程中落实的路径与方法；中国文化教育研究要突出中华优秀传统文化、中国革命历史、中国国情等在道德与法治课程教学中落实的路径与方法。

（五）世界意识的研究视野

世界主题教育是道德与法治教育主题的重要组成部分，是培育学生世界意识、世界观念、世界胸怀的主要内容。当前，世界意识的研究要紧扣党的十九大报告提出的"坚持和平发展道路，推动构建人类命运共同体"的思想，研究人类命运共同体的思想内涵及其对学生思想道德的影响，研究人类命运共同体思想在道德与法治教学中落实的路径与方法。同时，还要结合"一带一路"倡议、我国参与的国际组织开展教育研究活动，使道德与法治课程教学与世界变革大势接轨，培养具有国际视野的现代人才。

二、道德与法治教学研究的策略

在学习中实践，在实践中研究，在研究中提升，这是教师专业成长最有效的方法，也是提高教育教学水平的必由之路。道德与法治作为一门新时代义务教育阶段改革较大的课程之一，给教师带来的困难和挑战不言而喻，同时其研究与发展的空间也很大，这也给教师发展提供了机遇和空间，走边学习、边实践、边研究的路子，困难和挑战自然就有可能转化为机遇和发展空间。这其中，如何使道德与法治教学研究取得实效，助力提高教育教学质量，定好目标、选准课题、把握要求、掌握方法、展示成效十分重要。

（一）研究目的的三个维度

俗语讲：眼界决定境界，格局决定结局。教学研究目的定位就是研究眼界的视界，这决定了研究的品质和价值。道德与法治研究的目的无外乎三个维度。

一是要有利于贯彻落实党的教育方针、德育政策、育人目的和任务。课程是党的教育方针、目的、任务的载体，道德与法治课程更是如此，其意识形态属性强，具有极其重要、特殊的育人功能，是全面系统地落实社会主义核心价值观教育的主阵地、主渠道。因此，要研究道德与法治课程教学，首先就必须研究党的德育方针、目的和任务，使道德与法治课程教学在研究目标设定上与党的教育方针、德育政策、育人使命保持高度一致。二是要有利于精准实施课程标准与法治教育纲要。在实践中，许多教师养成了只看教材不看课程标准的习惯，这是教材观转变不足的表现，也是考试科目教学惯性使然。课程标准与法治教育纲要是道德与法治课程最精练、标准的内容呈现载体，教材只不过是对其的展示和演化，对于有志于研究的教师，研读课程标准和法治教育大纲是不可或缺的。在研究目的设定上，落实课程标准与法治教育纲要的理念价值和内容要求，不仅体现了依照纲要、紧扣标准的价值，而且有利于更加准确地定位研究目标。三是要有利于促进学生道德与法治核心素养的形成，这是道德与法治教学研究的目的归宿。其主要内容包括研究道德与法治课程的核心素养、学生的道德与法治素养状况，并形成与课程、教材的教育教学接驳点，其与学生长远、健康地成长的连接桥，这是有效研究的起点。它要求突出正确引导和问题导向，着力解决学生道德与法治学习、发展中的困难和问题，形成有效的、可以复制和推广的教学模式及方法。

（二）研究选题的五个范畴

根据课程标准和法治教育大纲，笔者将道德与法治课程的研究选题初步确立为思想政治素质、道德品质、法治意识、积极健康的人格和心理品质五个方面。这五个方面直接关系着学生的身心、道德、人格、国家和民族精神、世界情怀的和谐发展。思想政治素质选题的内容主要包括如何引导学生形成正确的世界观、人生观、价值观，如何有效加强学生的国家认同感、民族精神、社会主义核心价值观、理想信念、政治素质等教育。良好道德品质选题的内容主要包括令学生掌握正确调整个体与他人、社会、自然关系的准则，明善恶、辨是非、能坚守，形成正确的人际观、家庭观、集体观、社会观、自然观等。民主法治意识选题的内容主要包括培育学生社会主义民主平等意识，懂法、信法、尊法、守法、用法、护法意识。积极健康的人格选题的内容主要有让学生养成明礼守信、与人为善的交往习惯，养成乐学善学、探索创新的学习习惯，以及热爱劳动、勤俭朴实的生活习惯。良好心理品质选题的内容包括引导学生形成正确的自我认知、乐观的生活态度，培育和谐的人际关系、良好的社会适应能力。

（三）研究的五个基本要求

一是政策理论依据要精准，与时俱进，运用得当，忌空洞的政策口号；二是学术理论选择要切实，解读要独到，运用要有效，忌理论引用碎片化、标签化；三是问题意识必须清晰并有针对性，忌无问题、伪问题；四是强调有实践实证素材资料，忌理论与实践脱节或无实际材料佐证；五是研究过程要完整，工具要具体，忌有头有尾无过程环节的研究。

（四）研究的基本方法

研究的基本方法能反应研究者的科学态度和研究结果的可信度，同时研究方法本身蕴含着丰富的教育素材、题材，因此十分重要。道德与法治常用的研究方法有个案研究、课例研究、问题研究、调查研究等。其中，个案研究主要采取跟踪研究，注重从特殊性中提取普遍性；课例研究包括优质课、实验课、探究课等课型研究，一般采取样本研究方法；问题研究是针对教学实践中发现的问题进行研究，注重从现象看本质；调查研究包括问卷调查、访谈调查、观察记录等。问卷调查力求真实性，避免导向性和无意义；访谈调查力求对象的多样性，避免主观选择性；观察记录力求现象的典型性，避免流水性和琐碎性。

（五）研究成效的四个方面

一是政策理论符合党的教育方针和德育政策，体现时代精神和素质教育的核心理念，遵循学生身心发展和教育教学规律；具有教育教学理论建树，或提出自己的理论、完善发展已有理论。二是具有实践价值，能针对道德与法治教育教学中的实际问题，创造性地提出科学的思路、方法和措施，或在教学改革实践中取得特别重大的突破，对教学改革实践有重大示范作用。三是对提高教学水平和教育质量、实现培养目标，有可观察的数据指标或材料。四是成果影响广泛，在一定范围内有示范意义和辐射意义。

第三节 道德与法治课程课例研究方法

一、道德与法治课例研究的意义

在道德与法治教学中开展课例研究有着特殊的意义，这种特殊意义至少有四个方面：一是有利于深刻把握课程所要传递的德育方针政策与育人理念。课例研究作为学校有组织的专业性研究活动，站位比个体理解更高，视野比个人更开阔，通过发挥集体智慧的作用，立足国家意志，充分研究将党的德育方针政策与育人理念融入课程教学的内容和方法，完整落实课程目标价值。二是有利于深度理解课程标准、法治教育大纲的内容要求。课程标准和大纲是道德与法治教学的总纲领、总依据，集体理解比个人理解更有宽度和深度，更能全面、系统地把握课程标准和大纲的内容要求。三是进一步拉近教材与课堂教学的距离。道德与法治教学强调学生的思想、品德、社会性发展等教育，是一门以人为对象、以实践活动为教学特征的课程，教材只是教学活动的工具载体，而非教学内容的全部，要求对教材进行校本化加工和重塑。课例研究的重要作用之一，就是针对教材在选材、篇幅、表现力、切实性、时代性等方面的缺陷进行与本地区、本校学生深度结合的校本化加工，合理融合地方特色文化、经济社会发展成就、时代发展重大主题，使教学活动既体现教材传递的核心价值，又能符合学生需要。四是探索利于共享的教学技术和方法。教学是一门艺术，道德与法治教学则是一门关于人的教学艺术，每个人的个性修养、教学方法、育人风格、技术运用等各有所长，通过课例研究这个平台，集思广益，博采众长，促进优秀教学方法和前沿教学技术共享，以更好地提升道德与法治教学质量。

归纳起来，道德与法治课例研究的价值集中体现在六个方面：进一步统一、落实立德树人的根本任务的思想，明确贯彻党的德育目标和政策的内容方法；落实将教与学根植于儿童生活的基本理念，共同研究以人为本的教学策略；共同探索从目标设定、内容选材到活动体验的综合性实践策略；共同研究与社区实际相结合的，跟踪儿童品德与生活发展、社会性成长的有效方法；共同探索可供区域共享的优质社区教学资源，促进教学的开放性；共同探索最有效的、适合区域和学生实际的教学技术与方法。

课例研究的普遍意义同样适用于道德与法治课程：课例研究是沟通教育理论与实践的桥梁，是教师探究教育规律的重要路径，是中小学教师开展教育科研的主要形式；撰写并研究课例具有学习意义，课例知识是教师知识结构系统不可缺少的重要组成部分；"课例库"是中小学教育教学重要的思想财富，课例不仅是教育教学问题解决的"源泉"，而且也是教育理论形成和发展的"故乡"。

二、道德与法治课例研究的内容范畴

（一）五种课型、六大领域课例研究

道德与法治课例研究从课例类型的角度分，可以分为示范性、探索性、评价性、实证性、专题性五种。示范性课例研究侧重提取和分享教学经验，参与者广泛，研究目的是促进教学经验的普遍推广和应用；探索性课例研究侧重寻找教学问题解决的方法，如解决重难点、尝试新教法或针对特殊群体等，参与者范围相对较小，一般局限于学科组、备课组，研究目的是探索某个特定教学内容、教学对象的教学方法；评价性课例研究侧重考察课堂教学与课程标准或法治教育大纲的达成度，参与者通常是专家和管理者，研究目的是衡量教师教学水平和能力状况；实证性课例研究侧重考察项目研究成果与教学实际的关系，参与者是课题研究组成员，研究目的是检验项目研究成果；专题性课例研究是针对课程或教法中某项专门问题而组织的课例研究，如活动教学研究、对话研究、社会实践性课例研究等，参与者一般为专门研究人员，研究目的是探索某类教学的规律，获取可复制、传播的教学模式。

另外，道德与法治课程是一门综合性课程，依据课程标准内容可以分为个人、家庭、学校、社会、国家、世界六大领域课例。尽管课程教学的基本目标和价值是一定的、统一的，但

不同领域主题教学在目标设定、内容表现、教学组织、方式方法、育人价值、目的达成等方面各有不同。例如：个人发展主题主要包括生命与安全、个性品质、心理素质、兴趣特长、人际交往、适应能力等方面的教育，这类主题教学特别强调对教学对象的深入了解，突出教学的针对性和个性化，注重行为训练和问题解决；家庭教育主题则突出家庭角色、情感、家教、亲情等，注重与家庭教育的协同与联系；社会教育主题则突出社会角色、意识、责任、社会公德、秩序等教育，强调学生的社会性发展等。因此，课例研究应针对不同教学主题分类进行专题研究，探索各种不同教学主题的教学规律与方法。

（二）课例研究的内容构成

一般来讲，课例研究的内容包括教学目标设定、教学内容处理、拟针对和解决的主要问题、教学基本思维与逻辑、教学活动形式与价值、教学活动评价方法等，见表6-1。

表6-1 道德与法治课例研究内容

内容维度	研究内容
教学目标	课程的目标不是单一的，而是立体、多维的，课例研究要确定课文主题在落实国家意志、教育方针、德育政策、课程标准、法治教育大纲、社会发展、学生实际等方面的目标体系
内容处理	要全面审视课文内容与课程标准、法治教育大纲和区域、学生实际之间的关系，系统梳理、剪辑、整合、充实教学内容，将课文内容有效转化为教学对象可接受、可付诸生活实践的学习活动内容

问题解决	围绕教学主题，调查、发现学生存在的实际问题，包括普遍存在和个别突出的问题，充分考虑呈现这些问题需面对的伦理和法律问题，分析教学对这些问题可能采用的方法及解决效果，注重正向激励引导
教学思维逻辑	研究从导入、展开、深入、提升、总结教学全过程的思维关系和逻辑层次，使每个教学环节教学意图清晰，活动有效，环环相扣，贯为一体教学思维逻辑是教学智慧的集中体现，也是学生有效学习的前提
教学活动组织	研究有必要组织活动的教学主题，分析活动的教学目的、参与范围、活动方式、总结提炼方法等。要强化活动的目的性和价值性研究，注重活动组织的适当性、可行性安排
教学评价方法	研究教学活动的过程评价和结果评价、自我评价与他人、集体评价等办法，以评价方法和结果的教育价值为导向，重点研究评价语言运用、标准分层、方法选择。通过评价促进学生多样化、个性化发展

（三）课例研究的观测信息

俗话说：内行看门道，外行看热闹。观察一节道德与法治课，应掌握必要的信息观察点，以全面、有效把握一节课的典型经验、创新亮点及问题与不足，这就是平常我们常用到的课堂教学评价表。但常规课堂教学评价表中的内容往往面面俱到，平铺直叙，缺乏个性化、突破性的观察视角和维度，因此笔者在这里重点列出考量一节道德与法治课的若干观测信息源，以提高课例研究的直观性、针对性。（1）教学思想政治观点观测。道德与法治课教学十分注重思想政治观点引领的正确性，这一点具有"一票否决"的意义，因此在教学过程中思想政治观点的把握是首要观测点。具体表现为教学过程是否有机融入国家思想政治教育政策，一些政策理论观点的表述是否精准到位，学生思想指导和引领是否紧扣政策要求等。观测源于教师的教学语言表述。

（2）教学内容观测。一般道德与法治课需要对教学内容进行重组、裁剪、充实，以便更好地适应教学对象的实际需要，因此教学内容观测不仅是看教材，更要看教材与教学的实际联系状况。教学内容观测重点是教学内容是否紧扣课程内容标准和法治教育大纲，是否有机对接区域和学生实际，内容疏密、难易、先后等是否得当。观测源于课程标准、法治教育大纲、教材、教案、教学实录。

（3）教师教学行为观测。它包括教学语言、教学态度、师生关系等方面。以教学语言为例，重点可观测教学过程中教师与学生的语言行为分布及学习效果，具体如教师的提示、指示、提问、评价表达、对学生的应答等，分类统计各种教学语言行为发生的次数，将教学语言分为解读性语言、指导性语言、启发性用语、激励性用语、反思性用语，并进行系统分析。再比如，教学态度的观测，一般来讲，教学语气语态反映了教师对教学理念的理解程度、对教学内容的把握程度，以及与学生沟通、合作的意愿，对于不同课文教学主题，教师的教学态度应有不同的表现，如个性心理品质主题的教学态度应该以亲和为主，爱国主义主题的教学应该以热烈为主，法治教育主题应该以理性态度为主等。观测源于教师的课堂行为。

（4）教学组织活动效率观测。这主要是指在教学过程中教师组织教学的效果状态，如教学环节的层次与逻辑、活动组织的频率与效度、主题拓展的匹配度和切实性、学生情绪的调动与态度价值观发展指导、知识与情感态度价值观和行为能力的关联度、学生个体发展及教育的示范意义等。观测信息源于课堂观察。

三、道德与法治课例研究的一般程序

课例研究的一般程序由四个环节组成：一是综合分析环节，围绕课文教学主题，综合分析课程标准、法治教育大纲、法治教育教材、区域特色、社会现实、学生实际方面，确定重组、优化教学主题的基本思路和方案；二是教学设计环节，包括教材内容优化重组、课件制作、活动设计与准备等；三是教学实施环节，课前要准备好相关课堂观察表、教学信息收集要求、学生问卷或谈话要点等；四是教学反思与总结环节，包括执教者的反思总结、备课组集体反思总结，最终形成课例研究报告，提炼经验，发现需要进一步改善的问题。

这四个程序是一个单循环程序，有必要的话，可针对课例教学中的问题，采取反复循环的方式持续开展课例研究，以获取更多、更全面的教学经验，不断提高教学质量和育人效果。

四、课例研究的成果表达

课例研究可谓麻雀虽小，五脏俱全，研究成果除教学课例、研究报告这种最直接的成果之外，还可以衍生出教学设计、教学论文、课题研究等丰富多样的成果形式。

（一）课例与教学设计研究成果

从内涵上讲，教学设计都是事先构想的教学思路和具体的教学措施、步骤，写在"教"之前；而课例是对已发生的教育过程或事件的记录和反思，写在"教"之后。从写作上看，教学设计更倾向于说明，课例通常采用夹叙夹议的手法展示教学过程。在实践中，一些教师往往混淆教学课例与教学设计成果的呈现方式，这影响了课例研究效果的表达。

教学设计不仅是一个教学目标任务、思路结构、方法流程的文本性表述，还是先进教学思想、学科课程宗旨、理解儿童的程度、连接社会生活的效度、有效教学策略、灵活教学技能等的综合反映。小学道德与法治课程的教学设计要以儿童品德行为习惯的养成及其社会性发展为出发点，将教学主题作为连接儿童与社会生活、个性发展与社会规范的纽带，创新适合儿童道德心理认知和发展规律的教学策略、技法及艺术。综观教学设计文本结构，大体有课堂教学实录式和教学活动说明式两种方式。

（1）课堂教学实录式这种方式显然是课后记录，不是教学设计的表现方式。但不少教师把它当作教学设计，也有教师的教学设计就是这种模式，其突出的漏洞是课还没有教，教师如何确定学生的回答和表现呢？具体案例片段如下所示。

师：（出示课件）大家仔细想一想，这顿看似普通的午餐

究竟包含了多少人的劳动呢？能说一说吗？（学生稍微思考）

生：有卖菜的农民、卖肉的商贩、养猪的人、运输的人……

生：搬运工人。

生：做饭的爸爸妈妈。

对于课堂教学实录式，有两个问题值得追问：一是在教学思想上，教师课还没有上，怎么就这么准确地预判学生会这样回答？二是在教学形式上，这种"设计"是否容易导致满堂问、满堂答的单调课堂局面？这类与教学实录混淆的教学设计只能反映教师的主观意愿，意在表演而不在教学，意在完成40分钟课堂时间而不准备与学生进行真实的对话沟通。尽管课堂教学实录式教学设计已被大多数教师淘汰，但其所反映出来的僵化的教学思想仍然值得注意。

（2）教学活动说明式它将教师教学的设计过程与设计意图联系起来，以表达教师的教学思想。具体案例片段如下所示。

导入（2分钟）：

师：同学们，课前我们先来玩个游戏——一指拿苹果。请用一根手指拿起苹果。（两个学生尝试，失败）

师：要怎样才能拿起这个苹果呢？

预设：几个手指一起配合，才能拿起来。（学生演示）

师：这就是合作。（写出板书）

师：今天教师就带同学们到合作王国里去认识这个新朋友。（展示PPT）

设计意图："学起于思，思源于疑。"直观的游戏导入既能引发学生思考并初步了解"合作"的概念，又能为下一步"结合生活实际，体会合作的重要性"做好铺垫。教学活动说明式表述了教师应该怎样做，而且对这种做法的教学意图进行了解释，这种教学设计相对于前者，无疑是一种很大的进步。他至少有贯穿教学思想和教学目的的意义。但突出的教学意图从另一个侧面表达，就是教师只是课堂教学的主导者、掌控者的角色，给学生主动学习、活动预留的空间不够。这种教学设计方法在理念上尚未完全体现学生的主体地位，或者说教学设计还没有把充分研究学生作为设计的前提和基础。因此，这类教学设计方式不是现代以人为本、学生主体、活动主导、能力培养导向的教学设计方法。

（二）道德与法治优秀教学课例评价标准及教学导向

一节优秀的道德与法治课，至少应体现如下五个标准。

（1）教学思想要突出先进性。教学要深刻体现国家意志、社会主义核心价值观；能以人为本、尊重学生个体人格；珍视童年价值，遵循学生身心发展规律；注重社会生活体验，密切联系学生行为习惯与经济社会发展实际。这是强化国家意志、生活德育、人本德育、实践德育等理念在教学实践中的反映。

（2）教学情感要讲求真切性。教学情感的真切性是道德与法治课成功的内在因素，也是与其他课程的区别所在。一个字词、一个数学公式可能不太强调情感色彩，但人格、品德、行为习惯的引导却离不开情感的表达和投入。

（3）教学过程要注重生成性。道德与法治课的教学对象是人的品格、思想和寓于日常生活中的行为习惯，这就更强调教学活动必须及时、有效地呼应学生的问题和反应，而不能照本宣科，这就是道德与法治课教学过程及策略的生成性，即本课程的教学机制。及时呼应、跟踪学生的反应是道德与法治课教学的又一个特殊性，它与知识性课程教学的系统性、组织性、逻辑性形成反差。道德与法治课不强调教学流程的完整性，而是强调对学生品德行为习惯问题的针对性、真实性，以及正确引导的艺术性、深刻性和有效性。道德与法治课教学过程的生成性意义远远大于它的教学形式和氛围营造的意义，这是本课程的本质追求。

（4）教学导向要引领行为习惯。道德与法治课的教学要有利于内化学生的思想，同时更应当注重这种思想向行为习惯养成的转化，教学的行为习惯养成性导向是道德与法治课成功的要诀。依标扣本，连接生活；关注细节，注重训练；根植思想，导向行为：这是道德与法治课有效教学、优质教学的重要表现。

（5）教学视野要有广博性。要能将儿童立场、生活空间、社会视野、中国情怀、世界意识有机统一起来，使学生的人格养成立足于社会性发展、民族国家精神培育和世界意识教育。人格与道德培育不仅要有传承优秀传统文化的国民性诉求，在当下世界经济一体化背景下，还必须强调世界意识及品格的养成。目前，这类课例不仅少，囿于课型和主题，还只出现在发达的大、中城市的学校。不要以为只有像"吹向世界的中国风""海外华人的中国结""世界在发展，生活在变化"等类型课题材才能培养国际视野和国际意识，深圳市蛇口育才集团第四小学彭艳教师执教的"不一样的你我他"，通过有趣的国外动漫、德育素材的合理引用，使学生感受尊重、理解、认同的国际性人格魅力，使得个性品质教育的课例同样具有国际意识教育功能。道德与法治教学视野的国际性是本课程开放性教学的要求，代表了本课程育人价值的新追求、新方向，需要进一步大胆实践，积极创新。

（三）教学论文写作

教学论文应具有"三实"特点：一是实践。教学论文主题思想应来自教学与研究实践，并具有一定的普遍指导和启发意义。如《"磨"出来的，仅仅是一节精彩的课吗？——香洲区品德名师工作室"磨课促成长"教研新方式的探索与实践》论文，其主题源自教师切身的教学与研究实践，论文所提炼的"磨课"思想具有广泛的指导和启示意义。二是实在。教学论文选点要实，能起到点上突破、创新引领的效果。对于一线教师，教学论文的写作具有个性化实践、研究的特点，因此强求所有教学论文能在广泛的领域发挥全面、系统、整体的引领和突破作用是不现实的，能够在选题视角、实践策略示范、教学思想理论提升等方面有所突破和创新就难能可贵了。三是实用。教学论文必须能指引教学实践操作，即在教学设计策略、思路建构、方法选择等方面给其他教师以可借鉴的模式。

与此同时，道德与法治教学论文还应规避"四忌"。一忌"空"，即论题定位无边无际，论述多以口号、观念进行推演，如"重视品德课教学，促进学生健康成长""让思品走进生活，融入生活，引导生活""道德与法治教学对策"等。由于论题空洞，教师没有实践依托，写作起来难免会堆砌"生活性""活动性"等大道理。这类论文既没有自己的思想，也没有对已有思想推陈出新，应当尽力规避。二忌"偏"，即观点偏颇，如"学校的德育工作在方法与路径上都要比较简单粗暴""独生子女……心中只有自己，没有别人""品德不良学生与周围人的关系是不正常的"等。观点偏颇多表现为主观臆断，以偏概全，缺乏有效数据材料的佐证，它提示我们品德课论文的写作必须遵循客观、实事求是的科学态度，避免主观臆断。三忌"旧"，即观念陈旧。如近年来，生活德育思想深入教师教学思想，这是好事，但"生活性""生活化"的论文和课题比比皆是，而且主要论述点在于为什么需要"生活性""活动性"。显然，这是一个早已被接受、认可的理念，选择这样的论题就显得陈旧，无创意、无必要。教学研究不宜跟风、随大流，教师既要积极学习新理念、新思想，又要有自己的思考和发展定力。因此，教学论文的写作必须充分了解已有的最新成果，分析还有哪些方面需要进一步改革深化，在这个基础上的研究才有"新"的可能。四忌"散"，即只有事实而无归纳。一些论文陈述许多素材和教学案例，基本上没有归纳分析，或是以词不达意的只言片语为观点。"散"的对立面是"聚"，论文所选用的素材和案例应该提升到一定的教学思想、意识和观念上，使素材、案例与教学思想、观点融为一体。

五、课例研究与教师专业发展

课例研究对促进教师专业发展起着直接的、综合性的影响和作用，借助课例研究这个途径和载体，教师应积极主动地进行自我规划，学校应创新工作机制，激励教师在多方面实现自我发展。

（1）教师应自觉将党的教育方针、德育政策、专业理论知识、课程标准和法治教育大纲的理解融入课例研究过程，在一段时期内，选择一种或几种能够解决自己在教学中的困惑、总结自己教学经验的专业理论，认真地进行课例研究的学习与实践，并在课例研究和教学实践中进行尝试、修正、提升，力图实现专业理论的"自我化"。

（2）主动吸纳课例研究经验成果，自觉反思自己的教学理念、教学行为和教学风格，与他人进行比照，培养自己的研究意识，掌握必要的研究技能，发展自己的教学风格和特色。

（3）教师要勇于学习、吸收和接纳新教育思想和新主张，敢于在教学实践中尝试各种新理念和新方法。只有这样，才能与时俱进，常教常新，不断取得新发展、新突破。

（4）学校要创新机制体制和管理方式，让教师群体成为课例研究共同体。鼓励同一学科内、相关学科间的教师相互帮助和支持，建立同质或异质、不同类型、不同层级的课例研究小组，致力于建设学习型组织，促进教师在合作中共同提高。

（5）为了引导教师将课例研究常态化、制度化、规范化，学校应出台一系列维持和肯定教师创造性劳动的管理政策，诸如理论学习制度、听课说课制度、研讨制度、奖励制度、考核制度等，使课例研究成为学校的一种学习和研究文化，并沉淀为学校宝贵的教育财富。

后 记

  道德与法治是中国特色社会主义进入新时代义务教育阶段后的一门新的国家课程，它承接义务教育阶段品德与生活、品德与社会、思想品德课程的改革成果。以培养核心素养为前提的道德与法治课堂教学相比传统教学，更能以学生为教学主体，顺应学生的认知发展规律，注重课堂教学实效性的提高。在新时代，道德与法治课程承担着重要的育人使命，因此笔者基于这点编写此书，希望能够为小学道德与法治课程提供帮助。

  由于笔者能力有限，书中难免存在不足之处，望读者请谅解。最后，再次对所有关心、帮助过笔者的良师益友致以最真挚的谢意！

参考文献

[1] 孙彩平. 怎样上好小学道德与法治课 [M]. 南京：南京师范大学出版社，2020.

[2] 石红霞. 小学《道德与法治》教学策略探究 [J]. 学周刊，2020（01）：49.

[3] 彭玉斌. 道德与法治慧教学实践 [M]. 长春：东北师范大学出版社，2017.

[4] 熊胜. 中小学思政课法治意识一体化培育研究 [D]. 成都：四川师范大学，2021.

[5] 柯杏美. 核心素养背景下小学道德与法治教学方法初探 [J]. 考试周刊，2019（14）：126.

[6] 杨晓亚. 学生发展核心素养视域下的课堂教学指南：小学道德与法治 [M]. 长春：东北师范大学出版社，2017.

[7] 王潇晨. 义务教育阶段"道德与法治"课程的诚信教育研究 [D]. 重庆：西南大学，2021.

[8] 牟经言. 基于核心素养视角下小学道德与法治教学策

略研究 [J]. 神州, 2019（7）: 157.

[9] 张建萍. 论小学道德与法治教学的问题与对策研究 [J]. 读与写: 上旬, 2020(6):1.

[10] 刘晓凡. 小学道德与法治教学探索 [M]. 长春: 吉林人民出版社, 2018.

[11] 王清芬. 生命教育视角下小学中段部编版《道德与法治》教材研究 [D]. 洛阳: 洛阳师范学院, 2021.

[12] 邵红鸽. 小学道德与法治课堂教学中的法治教育分析 [J]. 小品文选刊: 下, 2020(2):1.

[13] 杨梅. 小学道德与法治可以这样教 [M]. 长春: 东北师范大学出版社, 2019.

[14] 范玲芳. 小学道德与法治课程教学策略研究 [M]. 长春: 吉林大学出版社, 2018.

[15] 张敬伟. 小学道德与法治生活化教学的策略研究 [J]. 新课程导学, 2020（01）: 82, 85.

[16] 路璐. 部编版小学道德与法治教科书中国家认同教育内容研究 [D]. 天津: 天津师范大学, 2020.

[17] 余智勇. 义务教育阶段法治课程教学设计研究 [D]. 南昌: 江西科技师范大学, 2019.

[18] 郭水花. 基于核心素养背景下小学道德与法治课堂教学策略研究 [J]. 当代教育实践与教学研究（电子刊）, 2018（3）: 820.

[19] 孙健. 小学道德与法治探究式教学思考 [J]. 成长，2020（5）：70.

[20] 冯宇宽. 小学《道德与法治》课程资源的开发与利用 [D]. 聊城：聊城大学，2019.

[21] 张华晖. 论小学道德与法治生活化教学策略研究 [J]. 环球慈善，2020(7):1.

[22] 钟守权. 传承与发展：道德与法治课程教学初论 [M]. 广州：广东高等教育出版社，2018.

[23] 刘莉. 小学道德与法治探究式教学思考 [J]. 学周刊，2020（07）：65-66.

[24] 薛春兰. 重庆农村小学生法治教育研究 [D]. 重庆：重庆师范大学，2019.

[25] 王莉韵，关月梅. 遇见别样的风景：小学德育课堂教学启示 [M]. 上海：上海教育出版社，2017.

[26] 姚凯旋. 小学道德与法治教学中的德育思想渗透 [J]. 新课程导学，2020（04）：55.

[27] 罗昌斌. 小学《道德与法治》课教学效果提升策略研究 [D]. 赣州：赣南师范大学，2018.

[28] 张敏. 核心素养理念下的小学德育活动课程设计 [M]. 大连：辽宁师范大学出版社，2018.

[29] 陈建伟. 情境教学法在小学《道德与法治》教学中的实践研究 [J]. 天津教育，2020（11）：101-102.

[30] 李宸曦. 基于现行《道德与法治》教材分析的小学生法治教育探究 [D]. 长春：东北师范大学，2018.

[31] 高凯. 试析小学《道德与法治》教学中的安全教育 [J]. 国家通用语言文字教学与研究，2020（1）：66.

[32] 李建国. 中小学德育的生态回归 [M]. 长沙：湖南师范大学出版社，2021.

[33] 郭艳. 小学法治教育校本课程的开发与应用研究 [D]. 杭州：杭州师范大学，2019.

[34] 胡姿. 道德与法治课堂教学策略研究 [J]. 师道·教研，2020（3）：139.

[35] 周家亮. 中小学德育课程育人 [M]. 济南：山东教育出版社，2019.

[36] 赵志艺. 关于小学道德与法治课程教育的探索 [J]. 教育，2020（15）：53.